Ole Hallesby



# Warum ich nicht religiös bin



clv
Christliche
Literatur-Verbreitung e. V.
Postfach 1803 · 4800 Bielefeld 1

1. Auflage 1988
2. Auflage 1989

Postfach 1803 · 4800 Bielefeld 1
Übersetzung: Tutta Christiansen
Umschlag: Dieter Otten, Bergneustadt
Druck und Bindung: Ebner Ulm

ISBN 3-89397-121-1

# Vorwort

Immer wieder frage ich mich, worin eigentlich die unerhörte Wirkung von Hallesby's Büchern bestehe. Diese Frage drängt sich notwendig bei vorliegendem Bande auf, der auf jeden denkenden Menschen eine faszinierende Wirkung ausübt.

Ich möchte es an einem Bild deutlich machen. Das biblische Evangelium gleicht einer Dynamitpatrone, wie man sie in Steinbrüchen zum Sprengen braucht. Bei einer richtigen Sprengung sind zwei Dinge wichtig: das Dynamit darf nicht verdorben oder verfälscht sein – und das Bohrloch muß richtig angelegt sein.

*Das biblische Evangelium ist Dynamit.* Es hat heute weithin so wenig Wirkung, weil es vielfach verfälscht, verkürzt oder verdorben ist. Es ist Hallesby's Stärke, daß er das volle, ganze, unverfälschte Evangelium bietet. Und es gelingt ihm, dieses Dynamit in das richtige Bohrloch zu legen, das heißt: Er kennt den modernen Menschen, ja mehr, er kennt das Menschenherz. Und darum redet er nicht am Menschen vorbei. Sein Wort trifft.

Als kluger Mann hat Hallesby begriffen, daß das Evangelium nicht dazu da ist, den Intellekt zu langweilen. Im Gegenteil! Er zeigt uns, wie das Evangelium immer neue überwältigende und überraschende Aspekte zeigt.

Als geistlicher Mann aber weiß Hallesby, daß das Evangelium nicht ein System von Gedanken ist. Es stellt vielmehr den Menschen vor die Wirklichkeit des lebendigen Gottes. So erlebt also der Leser, daß er es schließlich gar nicht mehr mit Hallesby zu tun hat, sondern daß er sich jetzt Gott stellen muß.

Wilhelm Busch – Essen

# Inhaltsverzeichnis

# Die intellektuellen Ärgernisse des Christentums

Jede Religion enthält ein Element, an dem sich der Intellekt stößt. Denn Religion hat mit dem Absoluten zu tun. Und intellektuelle Schwierigkeiten entstehen da, wo sich Absolutes und Relatives begegnen. Je weniger uns eine Religion mit dem Absoluten konfrontiert, desto weniger intellektuelle Schwierigkeiten enthält sie. Darum liegen im Christentum mehr solcher Ärgernisse als in irgendeiner anderen Religion, und sie finden sich auf verschiedenen Ebenen.

Als intellektuelle Probleme kommen sie alle aus dem Verstand. Aber sie tauchen in den verschiedenen Bereichen des menschlichen Geistes auf, etwa im Bereich des Intellekts oder der Moral oder der Religion.

## *Das Anstößige im intellektuellen Bereich*

Ein Gegenwartsmensch hat zweifellos den Eindruck, daß man im Christentum nahezu bei jedem Schritt auf Anstößiges trifft.

Fangen wir mit dem Gottesglauben an:

Gott ist dreieinig. Hier sind nicht drei verschiedene Offenbarungsformen für den einen Gott gemeint. Keineswegs. Diese drei sind ewig »Ich bin«; sie sind Personen. Und doch lehrt das Christentum, daß es nicht drei Götter seien, sondern ein Gott.

Christus ist Gott und Mensch. Und wohlgemerkt: nicht abwechselnd, so daß er erst Gott, dann Mensch und dann wieder Gott ist. Auch das wäre schon schwierig. Aber noch schwieriger ist es, wenn das Christentum erklärt, Christus ist Gott und Mensch zugleich.

Weiter erklärt das Christentum, daß Christus vom Heiligen Geist empfangen und von einer Jungfrau geboren ist.

Christus nahm viele Handlungen vor, die mit der Wirklichkeit, wie wir sie sonst kennen, im Widerspruch zu stehen scheinen. So heilte er Kranke und Geisteskranke durch ein Wort. Er erweckte Tote. Er ging auf dem Wasser. Er speiste Tausende von Menschen mit fünf Broten und zwei kleinen Fischen.

Er war anders als wir alle, nicht nur im Leben, sondern auch im Tode. Sein Leiden und sein Tod waren eine Sühne, eine stellvertretende Sühne für die Sünden aller Menschen.

Und weiter: Der Tod konnte ihn nicht halten. Er stand am dritten Tage körperlich aus dem Grabe auf. Nicht wie Lazarus in Bethanien, der noch einmal sterben mußte. Jesus stand zu einem unvergänglichen Leben auf, über das der Tod keine Macht hatte. Einige Zeit später fuhr er zum Himmel auf.

Endlich können wir das Gebet und die Gebetserhörung nennen. Christus hat versprochen, das Gebet seiner Freunde nicht nur zu hören, sondern auch zu erhören und so in seiner göttlichen Weltführung etwas zu ändern, nur weil ein Mensch darum bittet.

Zusammenfassend können wir sagen:

Das intellektuelle Ärgernis konzentriert sich im Wunder als in seinem Brennpunkt. Das Übernatürliche ist hier das Ärgernis, nicht nur, weil die moderne Wissenschaft das Wunder ziemlich einstimmig leugnet, sondern besonders, weil sie es infolge ihrer Methode ausschließt. Das Wunder steht im Widerspruch zu dem Wirklichkeitsbegriff, mit dem die moderne Wissenschaft rechnet. An der Geschichtsforschung wird dies besonders klar. Schon in ihrer Methode legt sie fest, daß eine geschichtliche Quelle, die Berichte über Wunder enthält, allein schon aus diesem Grunde als zweitrangig zu betrachten ist, ganz abgesehen davon, wie ihr historischer Wert sonst zu beurteilen ist.

### *Das moralisch Anstößige*

Hier ist zunächst der *Ursprung* der Sünde zu nennen: Das ganze Menschengeschlecht ist sündig, weil der erste Mensch sündigte.

Sodann die *Ausbreitung* der Sünde: sowohl Sünde wie Schuld werden vererbt.

Ferner die Strafe der Sünde. Es ließe sich viel darüber sagen, ich will in diesem Zusammenhang nur das größte Ärgernis nennen: Gott straft mit ewiger Pein.

Endlich steht hier die Aussage über das Wesen der Sünde: Der Mensch ist böse, darum kann er weder als Individuum noch als Kollektiv gebessert werden. Er kann nur erlöst werden, und zwar durch eine völlige Neuschöpfung.

### *Das religiöse Ärgernis*

Die größte Schwierigkeit ist hier der eigenartige Heiligkeitsbegriff, der seinen anstößigsten Ausdruck in Gottes Zorn hat. Dieser Zorn spielt ja nicht nur im Alten Testament, sondern auch im Neuen Testament eine so grundlegende Rolle, daß die Erlösung eigentlich eine Erlösung von Gottes Zorn ist. Dem modernen Durchschnittsmenschen muß es wie eine Profanierung Gottes erscheinen, wenn man von Gottes Zorn spricht, ebenso wie wenn man von Gottes Sünde spräche.

Und Gottes Gnade ist auch ein Problem. Sie besteht nicht darin, daß Gott seinem Schuldner vergibt, sondern darin, daß er erst eine Buße verlangt, die sein einziger ewiger Sohn auf sich nimmt. Sie besteht darin, daß der Sohn stellvertretend Gottes Zorn und Strafe erleidet, die das Menschengeschlecht wegen seiner Sünden treffen müßte.

Dann haben wir die Erlösung des einzelnen, die die Bibel Rechtfertigung nennt. Sie besteht darin, daß Gott den Gottlosen rechtfertigt, nur weil er an Christus glaubt.

Und was die Bibel Wiedergeburt nennt, ist nicht weniger ärgerlich. Sie unterstreicht stärker als alles andere die pessimistische Auffassung des Christentums vom Menschen. Niemand kommt in das christliche Gottesverhältnis auf Grund seiner eigenen moralischen Anstrengungen, sondern allein durch eine göttliche Neuschöpfung.

Dem Durchschnittsmenschen muß das wie eine Schwächung des menschlichen Verantwortungsgefühls erscheinen. Anstatt an den Willen des Menschen zu appellieren, gibt sich der Christ einem mysteriösen Gotteserlebnis hin und scheint dadurch auf seine eigene moralische Verantwortung zu verzichten.

Zusammenfassend könnte man hier sagen:

Das Christentum schreibt Gott Eigenschaften zu, die einem ethischen Gottesbegriff ganz und gar zu widersprechen scheinen.

### *Zwei typische Stellungnahmen*

Zu diesen intellektuellen Problemen des Christentums gibt es zwei typische Stellungnahmen:

Die erste *verwirft das ganze Christentum* wegen seiner Ärgernisse. Ihre Vertreter drücken es nicht so vornehm aus wie der alte Björnson, als er bei seinem Abschied vom Christentum erklärte, es gehe »über die Kraft«. Nein, sie behaupten, das Christentum sei unter aller Kritik. Nicht nur intellektuell, sondern auch moralisch und religiös stelle es einen Tiefpunkt dar, zu dem sich kein einigermaßen aufgeklärter und denkender Gegenwartsmensch bekennen könne.

Die zweite Gruppe bilden diejenigen, die meinen, es sei keineswegs notwendig, das Christentum zu verwerfen, auch wenn man die genannten Ärgernisse ablehnen müsse. Diese Richtung meint nämlich, das Christentum habe seinem Wesen nach mit diesen Ärgernissen nichts zu tun. Sie gehörten nicht dem ursprünglichen und eigentlichen Christentum an, sondern seien vielmehr ein *unvollkommener Ausdruck für die Versuche früherer Zeiten, das Christentum zu denken.* Diese Denkweise, die für die dahingegangenen Geschlechter natürlich und zweckmäßig war, ist jetzt veraltet, sagt man. Infolge der Fortschritte der Geistes- und Naturwissenschaften ist dieses Gedankenkleid des Christentums nicht nur unmodern, sondern unpraktisch und hinderlich. Darum ist es jetzt die Aufgabe des Christentums, sich dieses veralteten Gedankenkleides zu entledigen und sich von seinen Ärgernissen freizumachen, die mehr als alles andere den modernen Menschen hindern, sich den ewigen und unveränderlichen religiösen Wahrheiten des Christentums zu erschließen.

Mit dem gesamten wissenschaftlichen Apparat, über den unsere Zeit verfügt, geht man dann an die gewaltige Aufgabe heran, zwischen der Schale und dem Kern des Christentums zu scheiden und durch die fromme und wohlgemeinte Gemeindetheologie, Mythologie und Legendenbildung vorzudringen zu dem Evangelium Jesu oder noch lieber zur Religion Jesu, von dem widerspruchsvollen Christus des Glaubens zu dem einfachen Jesus der Geschichte.

Wie man sich auch zu diesem Versuch stellt, man muß zugeben: Es ist in der Tat gelungen, eine Religion zu schaffen, die kaum noch Ärgernisse enthält.

Schlimm ist allerdings, daß man diese Religion ohne Ärgernisse als Christentum ausgibt, ja, als das eigentliche, ursprüngliche Christentum.

Und unbegreiflich ist, daß es im Namen der Wissenschaft geschieht, ja, sogar im Namen der Religionswissenschaft. Man scheint so begeistert zu sein über das, was die Wissenschaft hier geleistet hat, daß man noch nicht die ungeheuerliche Versündigung bemerkt hat, die hier im Namen der Wissenschaft begangen worden ist. In der kurzen, aber glanzvollen Geschichte der Religionswissenschaft hat man keine Versündigung gegen diese Wissenschaft von der Art und dem Umfang begangen wie die, die im Namen der Religionsforschung die ganze Geschichte des neunzehnhundertjährigen Christentums strich.

Im Namen der Religionswissenschaft sieht man ruhig darüber

hinweg, daß das Christentum in diesen neunzehnhundert Jahren alle die obengenannten Widersprüche enthalten hat, ja, daß es durch alle diese Jahrhunderte hindurch erklärt hat, daß diese Ärgernisse, dieser paradoxe und irrationale Glaubensinhalt, sein eigentliches Lebenszentrum ausmachen.

Im Namen der Religionswissenschaft hat man die religionsgeschichtliche Ungeheuerlichkeit begangen, daß man nicht untersucht, wie die christliche Religion geschichtlich und tatsächlich gewesen ist und weiterhin ist. Im Gegenteil: All seinen religionswissenschaftlichen Scharfsinn verwendet man darauf, zu zeigen, wie das Christentum hätte sein sollen und wie es daher heute sein muß.

Man stelle sich einen Religionshistoriker vor, der etwas Ähnliches mit einer anderen Religion z.B. dem Buddhismus oder dem Islam täte. Man stelle sich vor, er sähe ganz ab von dessen geschichtlicher Beschaffenheit und seiner religiösen Eigenart und versuchte stattdessen nachzuweisen, wie er hätte sein sollen.

Es ist unvorstellbar, daß irgendein Forscher in dieser Weise bei einer anderen Religion vorgegangen wäre. Dort hätte er nach der überall anerkannten Forderung nach wissenschaftlicher Objektivität gearbeitet, sine ira et studio, wie die alten Lateiner es ausdrükken. Nur dem Christentum gegenüber können sich diese Forscher von ihrem persönlichen Standpunkt nicht freimachen und übersehen daher die elementaren Regeln wissenschaftlicher Forschung. Man ist persönlich an einer Religion ohne Widersprüche für den modernen Menschen so interessiert, daß man die Geschichte und die religiöse Beschaffenheit des Christentums konstruiert, anstatt sie zu konstatieren.

*Wie sollen wir uns zu den intellektuellen Problemen des christlichen Glaubens stellen?*

Wenn wir weder das ganze Christentum wegen seiner Ärgernisse verwerfen noch die Geschichtskonstruktion mitmachen wollen, die im letzten Grunde eine Geschichtsfälschung ist, eine Fälschung der Geschichte des ganzen Christentums, was sollen wir dann tun?

Es besteht kaum Aussicht, daß wir uns über alles einigen, wenn wir diese Frage beantworten wollen. Aber vielleicht können wir uns doch über einiges verständigen.

Erstens darüber, daß unsere Stellung zum Christentum und zu seinen intellektuellen Problemen für uns alle auf einer Wahl beruht.

Zweitens: die Wahl wird nicht auf wissenschaftlicher Ebene, aufgrund wissenschaftlicher Voraussetzungen und Erwägungen, entschieden. Ob ich das Christentum annehme oder verwerfe, die Wissenschaft entscheidet nicht meine Wahl.

Noch vor zwanzig Jahren hätte der moderne Mensch gegen eine solche Erklärung Einspruch erhoben. Nun weiß er mehr, auch über das Verhältnis zwischen Wissenschaft und Religion. Die früher übliche Frage, ob man das Christentum aus wissenschaftlichen Gründen annehmen oder verwerfen solle, findet man heute ebenso absurd, wie wenn einer mit den Ohren sehen oder mit der Nase hören wollte.

Die Wahl der Religion erfolgt aus religiösen und moralischen Beweggründen. Daraus ergibt sich auch die Stellung, die jeder einzelne den intellektuellen Problemen des Christentums gegenüber wählt.

### *Es hat nie ein Christentum ohne Ärgernisse gegeben*

Was nun die Wahl angeht, so möchte ich zunächst über die Geschichte dieser Wahl sprechen.

Ich möchte mit dem Hinweis auf die einfache, aber sehr viel besagende Tatsache beginnen, daß es niemals ein Christentum ohne die genannten Ärgernisse gegeben hat.

Ich bin mir darüber klar, daß es zu verschiedenen Zeiten in der Geschichte der Kirche Persönlichkeiten gegeben hat, die gegen mehrere oder einzelne dieser Ärgernisse Einspruch erhoben haben. Aber es ist eine unwiderlegliche geschichtliche Tatsache, daß sich alle christlichen Kirchen in allen Jahrhunderten nicht nur zu diesen Ärgernissen bekannten, sondern daß sie sie auch mit vollem Bewußtsein zum lebendigen Mittelpunkt ihres christlichen Glaubens machten.

Der einfachste Beweis dafür sind die für alle christlichen Kirchen gemeinsamen Bekenntnisse, nämlich das apostolische, das nicänische und das athanasianische Bekenntnis. Hier hat die christliche Kirche in einem kurzen Auszug den ganzen Inhalt ihres Glaubens zusammengefaßt. Und hier finden sich in Wirklichkeit alle obengenannten Ärgernisse.

Die Forschung hat bewiesen, daß eins von diesen Bekenntnissen, nämlich das apostolische, bis auf die Apostelzeit zurückgeht, wenn es auch in der allerältesten Zeit nicht genau die Form hatte, die uns heute geläufig ist.

So können wir die Geschichte dieser intellektuellen Schwierigkeit bis zur Gründungszeit des Christentums und bis zu seinen klassischen Urkunden, den neutestamentlichen Schriften, zurückverfolgen. Und dann entdecken wir, daß wir gerade in diesen Schriften die Quelle für den gesamten paradoxen, irrationalen Glaubensinhalt finden, den die christliche Kirche immer besessen, bekannt und verkündet hat.

Diese einfache geschichtliche Tatsache löst zwar nicht die Schwierigkeit der genannten Ärgernisse, beweist aber ihre Christlichkeit. Diese Ärgernisse sind ein organisches, unentbehrliches Glied in dem wirklichen, geschichtlichen Christentum.

Nun gibt es freilich viele, die meinen, erst der moderne Mensch habe sie entdeckt. Der antike Mensch habe sie nicht empfunden.

Diese Auffassung beruht aber nicht auf zuverlässiger Quellenforschung, sondern ist eine willkürliche Annahme. Die Briefe und die Apostelgeschichte im Neuen Testament berichten uns etwas ganz anderes von dem antiken Menschen. Nämlich, daß die apostolische Verkündigung der Erlösung den Juden ein Ärgernis und den Griechen eine Torheit war. Das bekam der Apostel Paulus in vollem Maße zu erfahren.

Und die Evangelien berichten uns das gleiche.

Die meisten Juden interessieren sich mehr oder weniger für Jesus von Nazareth, vielleicht mit Ausnahme der Kulturjuden der damaligen Zeit, der Sadduzäer. Sie scheinen anfangs Jesus nicht beachtet zu haben und taten es erst, als sie anfingen, in seiner »Partei« eine politische Gefahr zu sehen und sie zu fürchten.

Die wissenschaftlichen Autoritäten der damaligen Zeit, die Schriftgelehrten, und die kirchlichen Autoritäten, die Pharisäer, zeigten sich interessierter und freundlicher. Aber das Ergebnis ihrer Annäherungen blieb doch, daß auch sie Christus verwarfen. Darin waren sie mit ihren Gegnern, den Sadduzäern, einig.

Weshalb verwarfen sie Christus? Es waren die intellektuellen Ärgernisse, vor allem das größte aller Ärgernisse, daß er von sich selbst sagte, er sei Gott (Joh. 10,33).

Der moderne Mensch stößt sich immer an den Ärgernissen, und moderne Menschen hat es immer gegeben. Die jungen Menschen sind heute die modernen Menschen. In 25 Jahren sind sie wiederum von jüngeren überholt, die dann die modernen Menschen sind. Vor 1900 Jahren waren die Sadduzäer, die Pharisäer und die Schriftgelehrten die modernen Menschen. Und sie stießen sich an den Ärgernissen in der Person Jesu. Wir lesen in den Evangelien, wie sie ihn kritisierten. Wie sie ihn belehren wollten, wie ein Messias sein und wie er auftreten solle. Ja, sie boten ihm an, ihm große Anhängerschaft im Volke zu verschaffen, wenn er auf ihre Vorschläge einginge.

Jesus war sich selbst klar über das Ärgernis in seiner Person und in seinem Tun. Aber niemals ging er davon ab, um Anhänger zu gewinnen. Wir erinnern uns an sein wehmütiges Wort, als er die

Wirkung dieses Ärgernisses auf die Menschen sah: »Selig ist, der sich nicht an mir ärgert.«

Das Neue Testament und die Geschichte des Christentums sagen mir also, daß das Paradoxe unlösbar mit Christi Person und Werk verknüpft ist. Ich kann es nicht von Christus trennen. Entweder muß ich Christus und das Ärgernis wählen oder das Ärgernis und Christus verwerfen.

### *Die Ärgernisse lassen sich im Leben, nicht im Denken lösen*

Aber sobald mir klargeworden ist, daß Christsein immer damit identisch gewesen ist, an den paradoxen Christus zu glauben, erhebt sich die Frage: Wie ging das zu? Wie konnte man das, ohne gegen sich selbst unwahr zu werden? Ohne ein sacrificium intellektus zu begehen, d. h. ohne freiwillig seinen Verstand zu opfern?

Aus der Geschichte der Christen ergibt sich die merkwürdige Tatsache daß die Christen selbst ihren Glauben an den paradoxen Christus nicht als Kränkung ihres Intellekts empfunden haben. Wären es nur Leute ohne großes Denkvermögen gewesen, so hätte diese Tatsache nicht viel bedeutet. Aber ein großer Teil dieser Christen waren Denker von Rang. Ich will nur Paulus, Augustin, Luther, Calvin, Pascal und Kierkegaard nennen.

Diese Tatsache sagt mir, daß die Ärgernisse zu den Schwierigkeiten gehören, die sich im Leben, aber nicht im Denken lösen lassen. Es gibt auch andere Gebiete dieser Art in unserem reichen, komplizierten Menschenleben. Wir pflegen diese Gebiete unter dem Begriff des Irrationalen, des verstandesmäßig nicht Faßbaren zusammenzufassen.

Die Schwierigkeit der Ärgernisse wird nur im Leben gelöst. Christ wird man nicht durch Denken, wenngleich auch niemals ohne Denken. Ein Erlebnis macht uns erst zu Christen. Wir erleben Gott. In Christus begegnen wir ihm, und diese Begegnung mit

Gott wirkt in gleicher Weise auf alle, ohne Rücksicht auf Alter, Geschlecht, Stand oder Stellung.

Wir erleben unseren Abstand von Gott, vor allem unseren moralischen Abstand. Wir erleben, was die Bibel unsere Sünde und unsere Schuld nennt. Wohlgemerkt, wir erleben sie. Wir denken wohl auch über sie nach, aber das, was jetzt geschieht, beruht nicht auf Denken. Am allerwenigsten in einer so aufregenden Zeit wie der der ersten Begegnung mit Gott. Es ist die Zeit der Erweckung, in der man nicht fähig ist, sich selbst zu verstehen. Aber das Erlebnis ist da. Wir sind dem lebendigen Gott begegnet, und heilige Angst ist in unser leichtfertiges Herz eingezogen.

Der Rationalist in uns prozessiert noch mit Gott und macht alle möglichen mildernden Umstände geltend. Aber schließlich fegt das Erlebnis, Gott begegnet zu sein, dies alles wie Spinngewebe hinweg. Mit Feuerschrift wird in unser Gewissen eingebrannt: du liebst Gott nicht. Du tust nicht nur Sünde, sondern du liebst sie auch. Kannst du bei einem so geteilten Willen und mit einem so halben Herzen erwarten, daß Gott etwas mit dir zu tun haben möchte?

So erlebten es Petrus, Paulus, Augustin, Luther, Calvin, Francke, Grundtvig und Hans Nielsen Hauge.

Hat man nun bei der Begegnung mit Gott so entscheidend seine eigene Sünde erlebt, dann gibt es, sagt die neunzehnhundertjährige Geschichte des Christentums, in der ganzen Welt keinen anderen Trost und keine andere Hilfe für den Sünder als das paradoxe Evangelium von dem paradoxen Erlöser, der Gott war, Mensch wurde, litt und starb als Sühne für unsere Sünde.

### *Das Gottesverhältnis des religiösen Menschen*

Dabei weiß das Christentum sehr wohl, daß es andere Mittel gegen Sündennot gibt, sowohl im Judentum wie im Heidentum.

Hat man keine andere Sündenerkenntnis und Sündennot erlebt als die, die Juden und Heiden kennen, dann kann einem auch nur damit geholfen werden, womit sich Juden und Heiden trösten. Dann braucht man Christus nicht.

Solche Menschen sind moralisch und religiös. In ihrem Gottesverhältnis haben sie jedoch Christus nicht nötig. Kreuz und Sühne sind für sie überflüssig. Die bringen nur Verwirrung in ihre Religiosität.

So war es mit den Sadduzäern, so war es mit den Pharisäern. Sie waren religiös, aber Christus, Kreuz und Sühne hatten keinen Platz in ihrem religiösen System.

So geht es in allen Zeiten allen religiösen Menschen, die nicht das Erlebnis einer Begegnung mit dem lebendigen Gott gehabt haben.

Sind es unkritische Naturen, stellen sie Christus und das Kreuz beiseite und leben ihre von Paradoxa freie Religion mit ihrem »lieben Gott« mehr oder weniger religiös, mehr oder weniger rational, je nach Anlage und Milieu.

Sind es aber kritische Naturen, dann werfen sie den überflüssigen religiösen Ballast über Bord und machen kein Hehl daraus, daß sie den ganzen Apparat der Menschwerdung und der Sühne für unsere Sünden für überflüssig halten. Gott braucht ja nur dem reuigen Sünder zu verzeihen, der sich aus religiösem Drang und ehrlicher Reue an ihn wendet.

### *Das neue Gottesverhältnis: Die Begegnung mit Christus*

Ganz anders ist es mit dem Sünder, der durch die Begegnung mit Christus in seinem Innersten getroffen wird.

So ging es Petrus im Schiff zu Jesu Füßen und Paulus, als er auf dem Wege nach Damaskus im himmlischen Licht lag. Beiden lag es gewiß in diesem Augenblick fern, Christus zu kritisieren oder das

Ärgernis in ihm zu beseitigen. Sie waren vor Gott schuldig geworden, und »der Mund war ihnen verstopft«, wie sich Paulus bei einer späteren Gelegenheit ausdrückte. Durch ein solches Erlebnis haben sich für diese Menschen ihre intellektuellen Probleme auf ein anderes Gebiet verschoben. Die theoretischen Fragen – etwa die Empfängnis Jesu, sein Sühnetod und seine körperliche Auferstehung – machen ihnen nun keine Schwierigkeiten mehr. Das Problem, das sie jetzt beunruhigt, ist ein ganz praktisches: Kann Gott einen solchen Sünder wie mich annehmen? Wie kann ich einen gnädigen Gott bekommen?

Wie läßt sich nun diese Schwierigkeit überwinden? Auch das geschieht nicht durch Denken, sondern durch Erlebnis, durch ein neues Gotteserlebnis.

Der Sünder, der durch die Begegnung mit Christus zunichte gemacht wird, wird mit seiner sündigen Beschaffenheit, für die ihm nun die Augen aufgegangen sind, trotz seiner verzweifelten Anstrengungen nicht fertig. Und doch kann er es nicht lassen, Gott zu suchen, der ihn nach seiner Meinung verwerfen müßte.

In dieser Zeit schwankt sein religiöses Leben zwischen Hoffnung und Furcht, Freude und Angst, Frieden und Verzweiflung. Er ist ratlos und selten froh – bis wiederum etwas mit ihm geschieht. Etwas Unerwartetes, Ungeahntes. Er selbst hat nichts dazu getan. Wieder ist es Gott, der die Initiative ergreift und ihm auf eine ganz neue Art begegnet. Durch das Wort in der Bibel.

Die äußere Form des Erlebnisses kann verschieden sein. Aber in der Regel spielt es sich so ab, daß sich ein Wort aus der Schrift seiner Seele auf eine bisher ganz ungekannte Weise offenbart. Dieses Wort ist wie ein kleines Fenster, durch welches er in die endlose Welt der Gnade blickt.

Was er erlebt, ist nicht leicht in Worten auszudrücken. Ich will es trotzdem versuchen:

Mit allen Sinnen seiner Seele nimmt er die wirklichste Wirklichkeit der Welt in sich auf: das Wunder der Gnade Gottes in

Christus. Nun geschieht, was die Vernunft nicht erklären kann: Das Kreuz, die Sühne und die Vergebung werden mit der ganzen Kraft und Klarheit der Intuition erlebt in ihrem verstandesmäßig nicht zu erfassenden Zusammenhang mit der leidenden Liebe des ewigen Gottes.

Dieses Wunder wird in der Bibel als Erlebnis des Geistes bezeichnet. Die christliche Kirche hat es durch alle Jahrhunderte folgendermaßen ausgedrückt: Ich glaube an den Heiligen Geist – die Vergebung der Sünden.

Dieses Erlebnis beruht nicht auf Denken, wenn es auch nicht ohne Denken vor sich geht.

Das Leben zeigt sich auch hier in seiner Kraft und weist dem Denken seinen Platz zu.

Und die intellektuellen Probleme? Versteht sie der Glaubende nun? Kann er sie durchdenken? Nein. Aber sind sie dann nicht eine Qual für ihn? Nein, das sind sie auch nicht. Fragt Paulus, Augustin, Luther, Pascal, Kierkegaard! Aber beruht das nicht auf einer Selbstsuggestion, einer freiwilligen Unterbindung der Denkkraft?

Seien wir ruhig kritisch! Aber lassen wir uns dadurch nicht davon abhalten zu prüfen, ob die obengenannten christlichen Denker in ihrem Denken furchtsam und spröde waren. Ich möchte allen meinen Lesern die Freude gönnen, Paulus, Augustin, Luther, Pascal und Kierkegaard zu lesen.

Seien wir auch vorsichtig mit dem oft gebrauchten Wort Selbstsuggestion! Es gibt genug intellektuelle Probleme im Leben, die uns aber nicht alle quälen. Um nur ein paar zu nennen: Das Leben, die Kraft, die Zeit, der Raum. Nicht einmal der größte Forscher versteht sie. Und versucht er sie zu durchdenken, verwickelt er sich in unlösbare Widersprüche. Aber bereiten sie dem modernen Menschen Unbehagen? Nein, man lebt und genießt das Leben unbekümmert, obwohl es voller Widersprüche steckt. Kein Mensch spricht hier von Selbstsuggestion und Unterbindung der Denkkraft.

Niemand soll uns einreden, daß das Ärgernisse sind, die den modernen Menschen zu allen Zeiten erschrecken. Aber Gott in Christus begegnen, das will der moderne Mensch nicht. Denn er fühlt unwillkürlich, daß diese Begegnung den Untergang seines Ichlebens bedeuten würde.

Ihr, meine Leser, die ihr noch Zuschauer des Christentums seid, zweifelnd und unschlüssig, laßt alle Phrasen und gesteht: nicht die Widersprüche am Christentum schrecken euch, sondern, daß Christus die Sünde von euch nehmen will.

Und du, der du Christ werden willst, koste es, was es wolle, merke dir: Du sollst dir nicht durch moralische und religiöse Anstrengungen ein Gotteserlebnis schaffen. Du sollst nur gestehen, daß du Gott nicht liebst und ihn auch nicht erlebst, sondern nur deine eigenen religiösen Gedanken, Sehnsüchte und Anstrengungen.

Fange damit an, Gott zu bitten, er möge dir begegnen und dir ein persönliches Gotteserlebnis schenken. Bitte um den Heiligen Geist und lies täglich dein Neues Testament mit diesem Gebet! Dann wirst du ein Christ werden, d. h., du wirst Gott in Christus begegnen. Es beginnt wie ein qualvoller Tod, aber dieser Tod vor Gottes Angesicht ist der Beginn des Lebens.

# Der Gehorsam des Glaubens

Das Glaubensleben hat viele Seiten. Schrift und Erfahrung sagen uns, daß der Gehorsam ein sehr wichtiger Aspekt des Glaubens ist, aber auch ein sehr schwieriger.

»Siehe, Gehorsam ist besser als Opfer, und Aufmerken besser als das Fett von Widdern« (1. Sam. 15,22). Wenn wir daran denken, was das Schlachtopfer nach Gottes eigener Anordnung im Alten Bund bedeutete, dann beginnen wir den Wert zu ahnen, den der Gehorsam in Gottes Augen hat. Das genannte Wort will wohl sagen, daß der Mensch Gott kein Opfer, keine Gabe bringen kann, die in seinen Augen so wertvoll ist wie Gehorsam. Gleichzeitig berichtet die Schrift in jedem Kapitel, daß keine Gabe, die wir Gott bringen, uns schwerer fällt als der Gehorsam.

Und doch vergingen sich die Frömmsten, von denen die Bibel erzählt, gerade am Gehorsam. Es war offenbar ihre schwerste Versuchung. Im Alten wie im Neuen Testament wird Moses als der große Prophet des Herrn dargestellt (2. Mos. 33,11; 4. Mos. 12,3.7.8; 5. Mos. 34,10–12; Hebr. 3,2). Und doch fiel Moses so tief in die Sünde des Ungehorsams, daß der Herr ihn damit strafte, daß er nicht in das verheißene Land kommen durfte (4. Mos. 20, 7–12). Er durfte es ebensowenig wie die anderen ungehorsamen Israeliten, die Gottes Herrlichkeit und die Zeichen, die er in Ägypten tat, gesehen hatten (4. Mos. 14,20–23).

Ja, sogar Christus, Gottes eigener Sohn, mußte Gehorsam lernen (Hebr. 5,8). Er lernte ihn durch Leiden und Versuchung. Die Versuchung war immer Versuchung zum Ungehorsam gegen den Weg und Willen des Vaters. Alle drei Versuchungen in der Wüste waren Versuchungen zum Ungehorsam. Ebenso die Versuchung bei Cäsarea Philippi (Matth. 16,13–23) und bei der Hochzeit in Kana (Joh. 2,4).

Die Evangelien verhehlen nicht, daß der Gehorsam sogar für Christus schwierig war. Er kostete ihn schwere Kämpfe. »Und er hat in den Tagen seines Fleisches Gebet und Flehen mit starkem Geschrei und Tränen geopfert zu dem, der ihm vom Tode konnte aushelfen, und ist auch erhöret, darum, daß er Gott in Ehren hatte« (Hebr. 5,7). Und diese Gebete und dieses Flehen hören wir sowohl in Gethsemane wie am Kreuz (Matth. 26,38–44; 27,46).

Verstehe ich die Evangelien recht, so war der Gehorsam die große Probe für Jesus, ob er unser Erlöser werden konnte. Es heißt ja:

»Und wiewohl er Gottes Sohn war, hat er doch an dem, das er litt, Gehorsam gelernt. Und da er vollendet war, ist er allen, die ihm gehorsam sind, eine Ursache zur ewigen Seligkeit geworden« (Hebr. 5,8–9).

Und weiter: »Und an Gebärden als ein Mensch erfunden, erniedrigte er sich selbst und war gehorsam bis zum Tode, ja zum Tode am Kreuz. Darum hat ihn auch Gott erhöht und hat ihm einen Namen gegeben, der über alle Namen ist« (Phil. 2,8–9), und: »Denn gleich wie durch des einen Menschen Ungehorsam viele Sünder geworden sind, also werden auch durch des Einen Gehorsam viele Gerechte« (Röm. 5,19).

Ja, hier hören wir, welchen Wert der Gehorsam in Gottes Augen hat, welche Bedeutung für uns und unsere Erlösung.

### *Unser angeborener Ungehorsam*

Das genannte Wort Röm. 5,19 erzählt uns, daß unsere Sünde von Anfang an Ungehorsam war. Der sündige Sinn ist der ungehorsame Sinn, der Gottes Willen nicht will, nicht einmal dann, wenn der natürliche Mensch versucht, Gottes Willen zu tun, sei es aus Furcht oder aus kluger Berechnung.

Der natürliche Mensch empfindet Gott als etwas Unangenehmes, etwas Unbequemes, das ihm im Wege ist, ja, als seinen Widersacher und Feind; gerade weil er ein wollender Gott ist, der etwas vom Menschen will, weil er das Rechte und Wahre will, weil sein Wille der stärkste ist, dem sich der Mensch in seinem innersten Innern unterlegen fühlt.

Jesus stellt bei einer Gelegenheit das Fleisch in Gegensatz zu dem willigen Geist (Mark. 14,38). Der unwillige Geist ist für den natürlichen Menschen gerade das Charakteristische. Gottes Forderungen erscheinen ihm so hoch, daß er sie lieber übersieht und nur das tut, was ihm selbst oder im Zweifelsfalle seinen Mitmenschen richtig erscheint.

Und selbst wenn der natürliche Mensch moralisch und religiös lebt, wird sein Verhältnis zu Gott durch Unwilligkeit gekennzeichnet. Gottes Gebote belasten ihn, sie sind ihm zu zahlreich und zu schwer. Er fühlt sich erleichtert, wenn er sich eine Ruhepause verschaffen kann, in der er keine moralischen Forderungen zu erfüllen hat.

Aber der unwillige Geist äußert sich auch unmittelbar im religiösen Verkehr mit Gott. Man empfindet es als anstrengend, religiös zu sein, d. h. zu beten, täglich in der Bibel zu lesen, regelmäßig in die Kirche zu gehen und besonders, über Gott und religiöse Fragen sprechen zu müssen. Werden religiöse Fragen nicht berührt, geht alles glatt ohne Anstrengung und ohne Unwillen. Das Eigentümliche bei dieser unwilligen Religiosität ist, daß sie maßvoll ist. Sie meidet ängstlich jede Übertreibung.

Der natürliche Mensch ist im Grunde moralisch und religiös. Unmoralisch und gottlos zu leben ist nicht natürlich. Er muß sich dazu zwingen. Er hat natürliche Anlagen zur Moral wie zur Religion, aber wohlgemerkt zu einer »natürlichen« Moral und einer »natürlichen« Religion. Ebenso stark wie sein Unwille gegen Gottes Moral und Gottes Religion ist, ebenso stark wird er von einer Moral und Religion angezogen, die er sich selbst geschaffen hat.

Daher sehen wir auch, daß der natürliche Mensch seine Religion und Moral nicht benutzt, um Gott zu begegnen und seinen Willen zu tun, sondern um sich gegen Gott zu wehren und sich seinem Willen zu entziehen. Und wenn Gott gleichwohl ungebeten und unwillkommen diesem religiösen Menschen begegnet, verschanzt er sich gerade hinter seiner Religion am stärksten und längsten gegen ihn.

Das zeigt sich deutlich in unseren Missionsgebieten. Wenn die Heiden dem Evangelium begegnen, benutzen sie ihre alte Religion als letztes Bollwerk gegen Gottes Ruf im Evangelium.

Dasselbe erleben wir auch bei uns. Wenn Gott einem natürlichen Menschen begegnet, der moralisch und religiös lebt, dann ist es gerade sein religiöses Leben, das er als seinen sichersten Schutz gegen die aufdringlichen Forderungen des Evangeliums nach Bekehrung und Wiedergeburt empfindet. Daher sehen wir auch, daß es keine schärferen und zielbewußteren Gegner der Erweckung und Bekehrung gibt, als religiöse Menschen, die sich eine bequeme Moral und Religion zugelegt haben, um von jeder Einmischung Gottes verschont zu bleiben.

Selbstverständlich bin ich nicht der Ansicht, daß sie es bewußt tun. Das ist auch eine Eigentümlichkeit des natürlichen Menschen, daß er sich Gott gegenüber so sicher und überlegen fühlt, daß er seine eigene moralische und religiöse Auffassung für sicherer und zuverlässiger hält als Gottes Wort in der Bibel. Daher glauben diese Menschen auch, mit ihrem Unwillen und Widerstand gegen Erweckung und Bekehrung im Recht zu sein.

Hier sehen wir deutlich, wie sich der natürliche Mensch Gott gegenüber verschanzt.

Der natürliche Mensch empfindet nicht nur Unwillen gegen Gott und gebraucht seine Religion, um sich gegen Gottes Forderungen zu wehren, sondern er glaubt sogar, etwas sehr Gutes zu tun, wenn er statt religiöser Übertreibung den Menschen eine maßvolle Religion vor Augen führt, die an Gott und Religion nicht müde wird. Es ist seine innerste Überzeugung, daß gerade die übertriebene Gottesfurcht die Menschen von Gott abschreckt, und er glaubt, die meisten Menschen würden Gott und die Kirche suchen, wenn sie nur wüßten, wie vernünftig Gott in seinen religiösen Forderungen ist. Dann würde der Widerwille gegen Gott verschwinden und es den Menschen leicht fallen, religiös zu sein.

Haben wir erst einmal einen Blick für diesen, dem Menschen angeborenen Unwillen gegen Gott und seinen Willen bekommen, dann erkennen wir auch, daß das große Wunder der Erlösung darin besteht, daß Gott uns umschaffen kann, so daß wir gehorsam werden und freiwillig seinen Willen tun. Wie tut Gott das?

### *Das Entstehen des Gehorsams*

#### 1. In der Erweckung

In unserem Leben gibt es nichts Geheimnisvolleres und Unerklärlicheres als die Erweckung.

Der gottlose Mensch sündigt so unbekümmert, daß er nicht einmal versucht, seine Sünde zu verbergen. Doch dann kommt Gott, und der seiner selbst so sichere Sünder erlebt die Sünde als das Schrecklichste in seinem Leben. Gleichzeitig merkt er, daß die Sünde ihm das Liebste ist und daß er ständig fortfährt zu sündigen. Aber gerade diesen unüberwindlichen Willen zur Sünde empfindet er jetzt als seinen fürchterlichsten Fluch.

Und der weltliche Mensch? Er ist ehrlich, nützlich für die Gemeinschaft und vielleicht auch freigebig. Aber für Gott hat er keinen Platz und kein Verlangen, jedenfalls nicht für Gottes Willen. Gegen andächtige Stimmungen und Feiertage dagegen hat er nichts, wohlgemerkt, solange es nicht zuviel wird und sie ihn nicht in seinem vom eigenen Willen gelenkten und der Welt zugewandten Leben stören.

Doch dann kommt Gott, und der daseinsfrohe, seiner selbst so sichere Mensch fühlt sich auf einmal mitten in seiner Weltlichkeit wie ein Ertrinkender. Ja, diese Weltlichkeit erscheint ihm jetzt wie ein Fluch. Er erlebt, daß er die Welt und ihre Dinge liebt, dabei aber Gott, der ihn in seiner Liebe zur Welt stört, fürchtet und haßt.

Sieh dagegen den religiösen Menschen! Er ist erfüllt von einer intensiven, stimmungsbewegten, unausgeglichenen Religiosität. Oder er hat eine ruhige, besonnene, gefestigte Religiosität. Jedenfalls hat er ein »Abkommen« mit Gott getroffen, eine Form der Religion und Moral gefunden, von der er annimmt, daß Gott mit ihr einverstanden sei. Und niemals wird ein Mensch selbstgefälliger und selbstsicherer, als wenn er sich eine Religion zulegt, mit der er sein Verhältnis zu Gott geordnet zu haben glaubt.

Dann kommt Gott und zerstört ihm das Ganze. Zu seinem Entsetzen erlebt der religiöse Mensch, daß Gott etwas anderes ist als Religion. Er sieht jetzt, daß er bei all seiner Religiosität es noch nicht mit Gott zu tun gehabt hat, sondern nur mit sich selbst. Jetzt erst entdeckt er: Gott will nicht seine Religion, sondern sein Herz und seinen Willen. Aber dies Gott zu geben, daran hat er bisher noch niemals gedacht.

Der natürliche Mensch empfindet einen angeborenen Unwillen gegen Gott, wenn er mit harter Hand unsere Gesundheit und Arbeitskraft, unsere Pläne und Hoffnungen zerschlägt oder in unser Heim einbricht und unsere Lieben fortnimmt. Aber möglicherweise empfindet der natürliche Mensch seinen Unwillen gegen Gott noch stärker, wenn Gott mit brutaler Hand auch seine Religion zerschlägt.

Sieh hier das Wunder der Erweckung, die Neues schaffende Macht, die Gnade der Erweckung!

In einer für uns unerklärlichen Weise hat Gott durch das Wunder der Erweckung bei dem natürlichen Menschen das unumgängliche Gefühl erweckt, daß er sich im Widerspruch zu Gottes Willen befindet. Mit peinlicher Klarheit erkennt der Sünder, daß er nur seinen eigenen Willen tut. Gleichzeitig aber erkennt er, wie entsetzlich es ist, seinen eigenen Willen zu tun, im strikten Widerspruch zu Gottes Willen.

Sieh hier die Gnade der Erweckung, daß der Sünder jetzt unerträgliche Angst und unerträgliches Grauen vor sich selbst und seinem Eigenwillen fühlt!

Seine größte Angst ist, daß er von diesem Eigenwillen nicht loskommt, sondern Gott weiter mit offenen Augen zuwiderhandelt.

Die Bekehrung ist eine Wahl. Aber es gibt viele Arten der Wahl, die mit der Wahl der Bekehrung verwechselt werden. Bei der Bekehrung geht es um die Wahl zwischen dem eigenen und Gottes Willen.

Wir haben eben von der Angst der Erweckung gesprochen, aber die Angst der Bekehrung ist nicht geringer. Der natürliche Mensch hat, wie wir sahen, ein angeborenes Mißtrauen gegen Gott und ein angeborenes Zutrauen zu sich selbst. Deswegen fürchtet er sich so sehr, sich in Gottes Gewalt zu begeben, Gott die Macht über sein inneres und äußeres Leben zu geben. Das ist zweifellos der tiefste Grund dafür, daß sich die meisten Menschen der Bekehrung entziehen, sie umgehen oder aufschieben wollen. Nichts erscheint ihnen so riskant, als sich vorbehaltlos Gottes Händen auszuliefern. Um dem zu entgehen, können die Menschen die unglaublichsten religiösen Opfer und Anstrengungen machen, nur um selbst am Steuer zu bleiben.

Viele meinen, die Bekehrung bestehe darin, daß ich mich mit ganzer Willenskraft von meinem alten Leben lossage und von ganzem Herzen anfange, Gott zu suchen. Es ist richtig, daß dies zur wahren Bekehrung gehört, aber die eigentliche Bekehrung ist es nicht.

Die Bekehrung ist ja das Ergebnis des göttlichen Wunders, das mich dazu brachte, allem bei mir selber – vor allem meinem Willen – zu mißtrauen. Es stand ja die ganze Zeit Gottes Willen entgegen. Vor meiner Bekehrung wollte ich nur eins, nämlich Gott *daran hindern*, seinen Willen geschehen zu lassen. Daher besteht der

Entschluß zur Bekehrung nicht darin, daß ich etwas tun will, sondern vielmehr darin, daß ich will, daß mit mir etwas getan wird, nämlich, daß Gottes Wille mit mir geschieht, wogegen ich mich bisher mit allen Kräften gewehrt habe.

Sich bekehren heißt daher nichts anderes, als Gott zu Worte kommen lassen, ihn, den ich bisher überhört oder sogar mit meiner Religiosität zu übertönen versucht hatte. Nun aber will und wähle ich, daß Gott spricht. Und das will ja heißen, daß Gott die Rede fortsetzen soll, die er bei der Erweckung begann, gegen meinen Willen.

Das Gebet der rechten Bekehrung lautet daher: »Herr, sprich, dein Diener hört!«

Das ist die richtige Einstellung des Sünders gegenüber Gott! Ich gebe zu, ich kenne nicht einmal Gottes Willen, Gott muß ihn erst meiner gottleeren Seele mitteilen.

Ich gebe auch zu, daß allein Gottes Rede, Gottes schöpferisches Wort, meinen Unwillen gegen Gott überwinden und in mir den willigen Geist hervorbringen kann.

Jetzt möchte ich alles hören, was Gott mir über mein vergangenes Leben zu sagen hat. Ich will seine Meinung, sein Urteil hören. Ich verlasse mich nicht mehr auf mein eigenes Urteil, auch nicht auf das anderer Menschen. Nun möchte ich auch seine Meinung über mein zukünftiges Leben erfahren. Was soll aus meinem Leben verschwinden, weil es gegen seinen Willen ist, und was soll hinein?

Jetzt habe ich das von Gott bestimmte Leben gewählt und bewußt das Urteil gefällt über das selbstgesteuerte Leben, das ich bisher geführt habe.

Wer nun diese Wahl getroffen und das Gebet gesprochen hat: »Herr, sprich, dein Diener hört!«, hat in der ersten Zeit nicht viel, woran er sich halten kann, weder Freude, Friede, Gewißheit noch Kraft. Aber eins hat er, und das ist ihm eine starke Stütze: Welche Anklagen sich auch aus seinem vergangenen und seinem gegenwärtigen Leben, aus seinem harten Herzen und aus seinem geteilten Willen gegen ihn erheben mögen, nun wendet er sich an Gott:

»Ich habe dich gebeten zu sprechen, und ich habe dir gesagt, daß ich hören würde. Ich danke dir, daß du gesprochen hast, so daß ich höre und zittere. Und ich bete wieder: Sprich Herr! Dein Diener hört!«

Es ist nicht leicht, so zu beten. Aber solch ein Beter hat aufgehört, mit der Religion zu spielen.

2. Während der ersten Kämpfe des Glaubens

Die Wirkung der Erweckung ist in der ersten Zeit verschieden. Einige geraten gleich in schwere Kämpfe. Sie wollen so gern glauben und ein gutes Verhältnis zu Gott bekommen. Aber es will ihnen nicht gelingen. Es ist, als gelänge ihnen nichts: sie können nicht recht beten, können Gottes Wort nicht richtig aufnehmen, können ihre Sünde nicht bereuen, und trotz energischer Anstrengungen keinen Frieden und keine Gewißheit bekommen.

Andere wieder werden sofort froh und gewiß. Sie sind tatkräftig und werden sogar zum leuchtenden Ideal und zur Verzweiflung für die Ungewissen: »Warum kann ich nicht zu dem Frieden und der Freude kommen wie diese? Habe ich es nicht richtig gemacht? Oder hindert vielleicht meine Unehrlichkeit Gott, mir Erlösung zu schenken?«

Es dauert indessen nicht lange, bis diese fröhlich Erweckten erleben, daß »der Bräutigam von ihnen genommen wird«. Dann ist es mit der Freude zu Ende, und »sie müssen fasten« (Mark. 2,19–20). Jetzt erleben sie die gleiche Trauer und Not, die die anderen von Anfang an erlebt haben.

Wenn die alten Haugianer* diesen Unterschied zwischen den

*Kreise um den norwegischen Erweckungsprediger Hans Nielsen Hauge (1771 – 1824). Er stellte gegenüber dem Rationalismus und der toten Orthodoxie seiner Zeit die Bekehrung und die neue Geburt in den Mittelpunkt seiner Verkündigung.

Erweckten erörterten, drückten sie sich etwa folgendermaßen aus: der Bekehrungskampf ist für alle ein Todeskampf. Aber der Herr schickt nicht alle zugleich in diesen schmerzvollen Kampf. Um ihnen zu helfen, damit sie nicht verzagen, schickt ihnen Gott zunächst eine fühlbare Gnade, um sie auf diese Weise für den Kampf zu stärken, den auch sie bestehen müssen.

Diese erste fühlbare Gnade nannten die Alten »die ersten Küsse und Umarmungen«, dabei dachten sie zweifellos an das, was der verlorene Sohn erhielt, als er in seines Vaters Haus zurückkehrte, noch ehe er den Ring an den Finger, Schuhe an die Füße und den Platz an der Tafel bekam.

Warum macht es Gott so?

Warum gibt er nicht diesen ehrlich bekümmerten Suchern den Frieden und die freudige Gewißheit, die Jesus für sie erworben hat und die sie innerlich begehren? Sollte es nicht dem Herrn eine Freude sein, sie ihnen zu geben?

So fragen sicher alle diese freud- und friedlosen Seelen, bald demütig und untertänig, bald trotzig und voll Groll gegen den unverständlichen Gott. Ja, mancher fragt noch, nachdem er die Erlösung in Christus erlebt hat: warum ließ Gott mich so lange in Zweifel, Furcht und Ungewißheit?

Wir können nicht auf alle unsere Fragen Antwort bekommen. Auch wenn ich es nicht verstehen kann, handelt Gott richtig und gut. Aber hier glaube ich eine Antwort zu ahnen. Gott will in dieser dunklen, qualvollen Zeit den Gehorsam des Glaubens in uns schaffen. Aber soll es gelingen, muß er mir den Ungehorsam und die Eigenwilligkeit, die noch in mir mächtig sind, nehmen.

Ich habe mich bekehrt, habe mich Gott übergeben mit meiner Sünde und Schuld und habe es ehrlich getan. Aber meine Eigenwilligkeit folgt mir, unerkannt und unbekämpft, bis vor Gottes Angesicht. Obwohl ich mich als einen zum Tode verurteilten Verbrecher erkannt, trete ich noch vor Gott mit Forderungen hin: jetzt habe ich mich bekehrt, darum muß mir Gott Frieden und Gewißheit geben, und er muß es umgehend tun. Wenn er es nicht tut, fühle ich mich ins Unrecht gesetzt.

In der Bibel steht, daß Gott tötet, ehe er lebendig macht (5. Mos. 32,39). Nur der, der sein Leben, sein altes Leben, verlieren will, der wird das neue Leben finden (Matth. 10,39). Das Gebot gereichte mir zum Tode, sagt Paulus (Röm. 7,10).

Und jetzt tötet Gott den letzten Rest meines angeborenen Selbstvertrauens, indem er mir in dieser ersten Kampfzeit des Glaubens nicht die fühlbare Gnade gibt, nach der ich so heftig verlange.

Hier ist der Kreuzweg, an dem sich die Schar der Erweckten teilt.

Einige geben es auf. Sie waren mitgegangen, um es gut zu haben. Was sie suchten, war nicht eigentlich Gott, sondern seine Gaben. Wenn Gott ihnen diese Gaben nicht zuteilte, lag ihnen auch nichts an Gott.

Andere wieder bleiben auf halbem Wege stehen. Sie gehen nicht zurück in die Welt, aber sie kommen auch nicht weiter. Und sie wollen eigentlich auch nicht weiter und halten das, was sie erreicht haben, schon für Christentum. Aber richtig gut geht es ihnen nicht, sie haben weder Frieden noch Gewißheit. Aber sie glauben, Christen müßten ja Kämpfe und Anfechtungen haben, und es stehe auch geschrieben, daß man an seiner Erlösung mit Furcht und Zittern arbeiten solle. Sie mühen sich von Tag zu Tag ab und stellen ihr Gewissen zufrieden mit Beten, Bibellesen und christlichen Werken.

Aber es gibt auch Erweckte, die nicht in die Welt zurückgehen und sich nicht mit der obengenannten Gesetzesarbeit zufriedengehen. Sie suchen Gott, nicht nur seine Gaben, und sie gestehen sich selbst, daß sie Gott nicht gefunden haben, wie sehr sie ihn auch suchten.

Nun sieh, wie Gott den Gehorsam des Glaubens erzeugt!

Aber laß uns vorher einen Blick auf diese Menschen ohne

Freude und Gewißheit tun und sehen, wie es nun bei ihnen um den Glauben bestellt ist. Die Alten sagten: Glauben heißt, mit seinen Sünden zu Christus kommen; wie geschrieben steht: »So wir aber unsere Sünden bekennen, so ist er treu und gerecht, daß er uns die Sünden vergibt« (1. Joh. 1,9).

Also hat der, der seine Sünden bekennt, Glauben genug, daß ihm seine Sünden vergeben werden. Er ist erlöst. Aber die Gewißheit fehlt ihm noch.

Diesen Glauben nannten die Alten Sehnsuchtsglauben. Das ist ein guter Ausdruck. Denn die Sehnsucht ist in dieser Zeit das Kennzeichen des Glaubens. Es ist die erste und entscheidende Wachstumsperiode des Glaubens. Der Glaube ist da, aber er ist noch nicht reif und noch nicht voll ausgewachsen. Das Unfertige zeigt sich darin, daß er mehr Sehnsucht ist als Fröhlichkeit, mehr Hoffnung als Gewißheit, mehr Unruhe und Furcht als Frieden.

Und gerade das bringt den Gehorsam des Glaubens hervor. Die redliche Seele gesteht sich selbst und Gott, daß sie keine Gewißheit hat. Sie klagt und grollt Gott und bekennt dies auch. Sie versucht sich an das Wort zu klammern, das »trockene« Wort, ohne jede fühlbare Gnade. Ab und zu gelingt es ihr, aber nur selten. Und doch fährt sie fort zu glauben, d. h., mit ihren Sünden zu Christus zu kommen. Sie sagt wie Asaph: »Wenn mir gleich Leib und Seele verschmachten, so bist du doch, Gott, allezeit meines Herzens Trost und mein Teil« (Ps. 73,26).

Nach und nach lernt diese Seele die schwierigste Kunst des Lebens: sich Gott zu übergeben.

Man sagt von einem Menschen, der bekehrt ist: er hat sich Gott übergeben. Das ist ein ausgezeichneter Ausdruck. Sich im Kriege übergeben bedeutet, daß man alle Waffen wegwirft und die Hände erhebt, um zu zeigen, daß man keine Waffen mehr hat oder gebrauchen will. Man übergibt sich bedingungslos der Gnade des anderen.

Gerade das hat die erste Kampfzeit des Glaubens diese erweckte

Seele gelehrt. Sie sagt zu Gott: »Tu mit mir, was du willst, ich habe nichts von dir zu fordern. Du weißt, wie ich mich nach Gewißheit sehne, aber mache es auch hierin so, wie du willst. Gib mir Gewißheit, wann und wie du willst. Ich bleibe immer bei dir, wie hart auch die Kämpfe und Schmerzen sein mögen, die du mir auferlegst.«

Welch ein Gehorsam, welch eine Unterwerfung unter Gottes unverständlichen Willen. Ich könnte versucht sein zu sagen: niemals ist der Gehorsam des Glaubens größer als in dieser Zeit, da der Sünder glaubt ohne Gewißheit.

## *Glücklicher Gehorsam*

Bisher haben wir von dem widerstrebenden und unglücklichen Gehorsam gesprochen. Durch Gewißheit verwandelt ihn Gott zu einem willigen und glücklichen Gehorsam.

Ebenso wie Gottes Geist uns den Glauben schenkt, so schenkt er uns auch die Gewißheit »Denn wir sind alle Gottes Kinder schon durch den Glauben«, sagt Paulus (Gal. 3,26). »Wir brauchen unsere Sünden nur zu bekennen«, sagt Johannes. »Und weil ihr denn Kinder seid, hat Gott den Geist seines Sohnes in eure Herzen gesandt, der schreiet: Abba, lieber Vater« (Gal. 4,6). Das ist die Gewißheit. Sie wird dadurch geschenkt, daß der Geist in unsere Herzen gesandt wird. Diese Gabe bekommen wir, weil wir schon Kinder sind, heißt es; also nicht, damit wir Kinder werden sollen.

Durch diese Gabe des Geistes, die uns nicht zu Kindern Gottes macht, sondern die wir erhalten, weil wir durch den Glauben schon Gottes Kinder sind, durch diese Gabe erhalten wir neue Klarheit über die Gnade. Wir besitzen schon die Gnade vom ersten Augenblick des Glaubens an. Durch die Gewißheit, die der Geist uns schenkt, bekommen wir nur neue Klarheit über sie. Der Geist erklärt uns Christus, und ich brauche, um erlöst zu werden, nur ein Sünder zu sein, der seine Sünden weder verbergen noch behalten will.

Und nun offenbart sich das Leben des Glaubens, das vom Augenblick der Bekehrung an im Herzen vorhanden war, als der Sünder mit seinen Sünden zu Christus kam. Nun entfaltet es sich als Gewißheit, d. h. als fröhlicher, gewisser Glaube.

Aber nicht nur das. Jetzt offenbart sich auch das Leben der Liebe. Auch dieses war vom Augenblick der Bekehrung an in der Seele vorhanden, denn Glaube und Liebe sind ein Leben. Aber wie der Glaube, so war auch die Liebe in dieser ersten Wachstumsperiode noch nicht entwickelt. Und im selben Augenblick, in dem sich der Glaube zur Gewißheit entfaltet, verwandelt sich die suchende, unglückliche Liebe zu Gott in eine glückliche. »Wir lieben ihn, denn er hat uns zuerst geliebt«, sagt der Apostel (1. Joh. 4,19). Auch bevor wir Gewißheit erlangt haben, ist unsere Liebe darin begründet, daß Gott uns zuerst liebt. Aber wenn unsere Liebe in dieser Zeit als unglücklich bezeichnet werden muß, so darum, weil wir wohl wissen, daß Gott liebt, aber unsicher sind, ob er uns liebt.

Jetzt aber hat die Gewißheit diese Unsicherheit überwunden, und wir erleben Gottes Liebe mit allen Sinnen unserer Seele. Als lebenspendender, warmer, milder Sonnenschein strömt sie auf uns herab. In diesem Sonnenschein erblüht unsere Liebe zu Gott in Dank, Anbetung, Dienst und glücklichem Gehorsam. Jetzt ist das Wunder vollbracht. Aus dem ungehorsamen, widerstrebenden und selbstklugen Sünder hat Gott einen demütigen, glücklichen, willigen, gehorsamen Sünder geschaffen, für den es ein inneres, mächtiges Lebensbedürfnis ist, Gott zu lieben und seinem Willen zu gehorchen.

Wir könnten es auch so sagen: der Gehorsam, der bisher ein Gehorsam des Glaubens war, wird nun durch das Wunder der Gewißheit zu einem Gehorsam der Liebe, ohne daß er deswegen aufhört, ein Gehorsam des Glaubens zu sein.

Jesus sagt zu seinen Jüngern: »Der Geist ist willig, aber das Fleisch ist schwach« (Mark. 14,38).

Der Gläubige hat sowohl Geist wie Fleisch. Den willigen Geist, den glücklichen Gehorsam, beides hat Gott in seinem Herzen geschaffen. Aber das widerstrebende und eigenwillige Fleisch ist noch lebendig (Gal. 5,17) und bildet einen Teil seines persönlichen Lebens. Nun soll der neue, heilige Gehorsam geübt, erprobt und im Kampf mit dem eigenwilligen gottfeindlichen Fleisch erhärtet werden.

Selbst Jesus, der durch seine heilige Geburt sündenfrei und daher niemals ungehorsam gegen seinen himmlischen Vater war, mußte Gehorsam lernen an dem, was er litt (Hebr. 5,8). Sein Gehorsam mußte auf die Probe, auf immer schwerere und schwerere Proben gestellt werden. Die Bibel nennt sie Versuchungen.

Unser heiliger, glücklicher Gehorsam muß auch auf die Probe, immer schwerere und schwerere Proben gestellt werden. Die Proben oder Versuchungen entspringen dem täglichen Zusammenleben mit dem alten Fleisch, das wider den Geist gelüstet (Gal. 5,17). Das Fleisch hat nämlich noch seinen alten Unwillen gegen Gott und sein Mißtrauen. Dem alten Menschen ist es ein Lebensbedürfnis, Mißtrauen gegen Gott zu hegen und seinem Willen zu widerstreben. Dieses angeborene Mißtrauen ist also ein ständiges Hindernis für unseren neuen Gehorsam, das er überwinden muß. Dieser Kampf soll den Gehorsam üben, erproben und erhärten.

Soll dieser Kampf gelingen, müssen wir uns zuerst klar sein über die Gefahr, die das Fleisch für unseren neugeschaffenen Gehorsam darstellt. Das Mißtrauen des Fleisches und sein Unwille gegen Gott greifen unablässig unseren Gehorsam an.

Aber da ein glücklicher und gehorsamer Christ nur ungern bewußt Ungehorsam gegen Gott begeht, sucht das Fleisch den Gehorsam von innen her anzugreifen. Es bohrt sich in den lebendigen

Kern des Gehorsams hinein und frißt ihn an, ohne die Schale zu berühren, und läßt den Gläubigen ein ungehorsames Leben in der Form des Gehorsams führen.

Diese innere Verfälschung geht verschieden vor sich. Meistens so, daß sich der Gehorsam nach und nach vom Sinn auf die Handlung verlagert. Empfand man vorher den ungehorsamen Sinn als die eigentliche Sünde gegen Gott, so empfindet man nun ungehorsame Worte und Handlungen als Sünde. Man hütet sich, Verleumdungen auszusprechen, aber neidische und lieblose Gedanken läßt man passieren. Man fürchtet sich vor einer unzüchtigen Handlung aber unzüchtige Gedanken bekämpft man nicht. Zornausbrüche vermeidet man, aber dem inneren Groll läßt man freien Lauf.

So kämpft man gegen seine Sünden wie jeder Weltmensch. Mit kluger Berechnung sucht man Sünden zu vermeiden, die dem eigenen Namen und Ruf schaden oder den häuslichen Friedens stören könnten.

Der Gehorsam des Glaubens ist abgelöst vom Gehorsam des Fleisches. Das Fleisch kann nämlich auch gehorsam sein, ja sogar sehr gehorsam, wenn es nur nicht Gott gehorsam zu sein braucht. Braucht es nur seinen eigenen oder anderer Menschen Moralgesetzen zu gehorchen, kann es peinlich genau und sogar zäh in seinem Gehorsam sein.

Gegen diese Verfälschung des Gehorsams gibt es nur ein Mittel, sagt Jesus: Wachen und Beten. Das besagt, daß wir in unserer täglichen Furcht vor der unheimlichen Gefahr des Fleisches uns so nahe an Gott halten müssen, daß er in uns die Liebe lebendig halten kann, die die Sünde verabscheut und uns das Glück darin sehen läßt, Gottes Willen zu gehorchen.

Kann ich aber erreichen, daß ich in meinem Sinn immer Gott gehorsam bin und niemals den Heiligen Geist betrübe? Nein, sagt die Bibel. »Wir fehlen alle mannigfaltig« (Jak. 3,2). »So wir sagen, wir haben keine Sünde, so verführen wir uns selbst, und die

Wahrheit ist nicht in uns« (1. Joh. 1,8).

Aber ich soll so weit kommen, daß ich mich mit nichts Geringerem begnüge als mit dem Gehorsam des Glaubens, d. h. mit dem gehorsamen Sinn, und daß mir jeder Ungehorsam in meinem Sinn zu einem Schmerz wird, der mich zu Christi Kreuz treibt. Dort finde ich Vergebung für all meinen Ungehorsam durch des Einen Gehorsam (Röm. 5,19). Dort wird mein Gehorsam des Glaubens so gestärkt, daß ich mit frischem Mut den Kampf gegen das ungehorsame Fleisch wieder aufnehme.

Nichts widerstrebt der alten Natur in uns mehr, als dem Willen Gottes zu gehorchen. Darum wird der »ältere Adam« auch alles tun, den Gehorsam des Glaubens zu umgehen – nicht nur im äußerlichen Kampf gegen die Sünde, wie wir eben gesehen haben, sondern auch im Dienst und in der Arbeit für den Herrn. Kann der alte Mensch den Willen Gottes umgehen, ist er zu den größten Opfern und Anstrengungen bereit, besonders, wenn er diese selbstgewählten Opfer unter dem Anschein bringen kann, Gottes Willen zu erfüllen.

Wie eifrig waren die Pharisäer bedacht, die religiösen und moralischen Gesetze zu erfüllen, die nichts anderes waren als menschliche Verfälschungen der Gebote Gottes (Mark. 7,8–13). Und wie eifrig sind manche Katholiken, besonders ihre Mönche und Nonnen, alle diese menschlichen Gebote zu erfüllen, die zum Teil eine Verzerrung, ja eine Karikatur von Gottes offenbartem Willen sind.

Eine Gottesfurcht und eine Moral, die dem Menschen und nicht Gott die Ehre gibt, hat die volle Anerkennung und Unterstützung des Fleisches.

Auf protestantischer Seite haben wir Entsprechendes. Wir glauben nicht, daß wir uns die Seligkeit durch gute Werke verdienen können, weder durch Gebete, Almosen, Fasten, Nachtwachen noch durch Wallfahrten. Daher werden wir nicht zu religiöser Selbsthilfe auf diesen Gebieten versucht. Aber das ungehorsame

Fleisch hat trotzdem genug Mittel, den Gehorsam des Glaubens zu verfälschen.

Der Gehorsam des Glaubens äußert sich in mancherlei Arbeit für den Herrn. Aber wichtiger als die Handlungen selbst ist dem Herrn die Gesinnung, die Gottes Willen liebt und sich eifrig bemüht, Gottes Willen zu erkennen und zu erfüllen.

Das aber ist eine tägliche Qual und Plage für das Fleisch, und es beginnt nun sein teuflisches Spiel. Es verwirrt uns, so daß wir nach und nach anfangen, das Gewicht auf die gehorsame Handlung zu legen anstatt auf den gehorsamen Sinn. Die Arbeit für den Herrn wird uns wichtiger als die Gesinnung, in der wir sie tun.

Haben wir den ersten Schritt vom Gehorsam des Glaubens zum Gehorsam des Fleisches getan, tun wir bald den nächsten. Haben wir erst einmal das Gewicht auf die Handlung gelegt, dann kommt es uns mehr auf viele als auf gehorsame Handlungen an.

Nun ist das Fleisch zufrieden. Hat es erst einmal den Gehorsam gegen Gott verdrängt und in verkleideter Gestalt seinen eigenen Willen an dessen Stelle gesetzt, ist es sogar bereit zu Opfern und Anstrengungen und legt sich mit Eifer und Ausdauer auf christliche Werke.

Bei ungehorsamen Kinder'n finden wir dasselbe. Die Mutter bittet das Kind, eine bestimmte Arbeit zu verrichten. Aber nein, es will nicht. Sein böses Gewissen aber läßt es nicht untätig sein, während die Mutter arbeitet. Und es fängt etwas anderes an als das, um das die Mutter bat, vielleicht sogar eine anstrengendere Arbeit.

Der Herr hat viele solche ungehorsamen Kinder. Er weist sie zart auf etwas hin, wozu er ihrer Hilfe bedarf. Aber das paßt einem im Augenblick nicht oder man weiß nicht recht, welche Folgen es haben kann, oder weiß es sogar genau: es wird unangenehme, ja schwere Folgen haben. Und dann tut man es nicht. Aber anstatt diesen Ungehorsam zuzugeben, folgt man den augenblicklich sehr vernünftigen Vorschlägen des Fleisches: man tut etwas anderes.

Kommt es einem nicht auf die gehorsame Gesinnung an, will man wenigstens etwas tun. Und ist das Gewissen trotzdem unruhig darüber, dann glaubt man, umso mehr tun zu müssen. Auf diese Art und Weise entsteht und wächst die eigenwillige Geschäftigkeit, die Gottes Gemeinde mit ihrem Lärm erfüllt und die Arbeit im Weinberg so unsagbar schwierig macht.

Der eigenwillige Arbeitsdrang, diese ungehorsame Geschäftigkeit, ist schwierig sowohl für den Herrn wie für seine Freunde. Ich habe den Eindruck, daß sie kaum jemals in der Geschichte der Gemeinde Gottes größer gewesen ist als gerade jetzt. In erster Linie hat es wohl äußere Gründe. Wir leben nicht nur im Jahrhundert der Arbeit, sondern auch der Organisation.

Dieser fleischliche Arbeitseifer ist nicht nur der Ausdruck der Gesinnung wie Martha sie hatte, sondern einer selbstklugen, eigenwilligen Gesinnung, die sich gerade durch christliche Arbeit geltend machen möchte.

Das Fleischliche dabei gibt sich auf verschiedene Weise zu erkennen:

1. Wohl führt man die Arbeit des Herrn aus, aber man tut es mehr aus Rücksicht auf sich selbst als auf den Herrn. Die Rücksicht auf eigene Ehre, Einfluß und Macht entscheidet, welche und wieviel Arbeit man zu leisten wünscht. Arbeit aber, die keine Bedeutung für einen selbst hat, betrachtet man nicht als »Berufung«.

2. Der fleischliche Eifer will all diese Arbeit nicht nur leisten, sondern er will sie auch leiten. Der Eifrige sucht sich daher Menschen, die diese Arbeit übernehmen und bereit sind, sich leiten zu lassen. Je fleischlicher der Arbeitseifer ist, desto weniger duldet er Menschen, die nicht begreifen, daß sein Anteil an der Arbeit der wichtigste ist. Wenn die Arbeit des anderen seine eigene einengt, wird er sogar versuchen, sie zu behindern. Hier liegt die Quelle zum Parteiwesen, das seit den Tagen der Apostel bis heute so schweren Schaden im Weinberg des Herrn angerichtet hat.

3. Der eigenwillige Arbeitsdrang ist so stark mit sich selbst be-

schäftigt, daß ich leicht empfindlich werde. Wenn Freunde und Mitarbeiter nicht genügend Rücksicht auf meine Person und Arbeit nehmen, fühle ich mich verletzt und gekränkt.

4. Der eigenwillige Arbeitsdrang führt oft zu Sprunghaftigkeit. Der regelmäßige tägliche Gehorsam fällt einem schwer, aber man fühlt die Forderung. Dann wird die Arbeit krampfhaft. Sie erscheint einem selbst überaus wichtig und groß. Und was einem selbst groß erscheint, müßte auch den anderen wichtig erscheinen. Ist es nicht so, ist man gekränkt. Ist man dazu cholerisch veranlagt, sucht man seine Sache mit Gewalt durchzusetzen. Zu warten, bis die anderen überzeugt sind, dazu hat man weder Zeit noch Geduld. Noch weniger denkt man daran, es mit Gebet zu erreichen.

Junge Menschen, die erweckt worden sind, leben zu Hause bei ihren Eltern, die sie gut bei der Arbeit gebrauchen können. Infolge ihrer Erweckung haben sie das Bedürfnis, etwas für Gott zu tun. Aber Gott durch opferwillige, gewissenhafte Arbeit bei den Eltern zu dienen, das zu erkennen, fällt ihnen schwer. Es ist nicht nur ihre eigene Schuld. Wir älteren Christen haben die größere Schuld daran. Wir betrachten die Arbeit für Gott als etwas Besonderes neben unserer täglichen Arbeit. Wir übersehen aber, daß unsere tägliche Berufsarbeit der größte Teil unserer Arbeit für den Herrn ist. Und leisten wir diese Arbeit für Gott, dann wird unser tägliches Leben ein täglicher Gottesdienst. Gleichzeitig wird uns unsere Arbeit eine tägliche Übung im Gehorsam des Glaubens.

Ja, wirklich im Gehorsam des Glaubens! Aber die meisten legen auf diese tägliche Arbeit keinen besonderen Wert. Nur der Glaube vermag es, darin eine heilige Arbeit zu sehen, eine Arbeit für Gott. Nur der Glaube kann erfassen, daß eine so unbedeutende Arbeit eine Bedeutung für Gott und sein Reich haben kann.

Aber soll nicht der Christ etwas Besonders neben seiner irdischen Berufsarbeit tun? Er soll es, und er will es. Es liegt im Wesen der Liebe, so viel wie möglich für den Geliebten zu tun. Verkehrt wird es erst, wenn wir meinen, daß nur diese Extraarbeit Arbeit für den Herrn ist.

Auch hier gibt uns Jesu Beispiel eine klare Anweisung. Bis zu seinem dreißigsten Jahr war er bei seinem Vater, der Zimmermann war, mit irdischer Berufsarbeit beschäftigt. Auch diese tat er, weil es der Wille seines himmlischen Vaters war. Dadurch heiligte er unsere irdische Arbeit und zeigte uns, daß wir durch sie Gott dienen und ihn ehren können.

Für Jesus waren diese Jahre der Arbeit auch eine Übung im Gehorsam. Denn er fühlte sich berufen zu der größten Aufgabe, die je einem Menschen übertragen wurde, nämlich die Menschheit zu erlösen und Gottes Reich aufzurichten. Trotzdem blieb er in Nazareth als Zimmermann. Er war schon dreißig Jahre alt und hatte noch nicht begonnen. Der Versucher hat sicherlich nicht vergessen, ihm das vor Augen zu halten. Vielleicht hat es auch seine eigene Mutter getan, die ja wußte, wozu er ausersehen war. Trotzdem setzte Jesus sein stilles Leben fort. Vielleicht war es nicht das erste Mal bei der Hochzeit in Kana, daß Jesus seiner Mutter antworten mußte: »Weib, was habe ich mit dir zu schaffen? Meine Stunde ist noch nicht gekommen« (Joh. 2,4).

*Gehorsam und Berufung*

Wir wenden uns zurück zu der erweckten Jugend, die entweder bei den Eltern oder anderswo ihrer irdischen Berufsarbeit nachgeht. Sie will etwas für den Herrn tun. Sie versucht es in Vereinen, als Helfer im Kindergottesdienst oder im Jugendkreis, im Chor oder bei anderer Musik. Aber es wird nichts Rechtes aus alledem, und man ist nicht sicher, ob es von den anderen besonders geschätzt wird. Zu Hause, im täglichen Leben ist es noch schlimmer. Die tägliche Arbeit erscheint langweilig und bedeutungslos, und darum arbeitet man ohne Interesse und oberflächlich, oft sogar unwillig. Die Folge ist ein schlechtes Gewissen, einmal, weil man schlechte Arbeit leistet, und dann, weil man seine Zeit nicht dazu verwendet, etwas für den Herrn zu tun.

In solchen Stunden reift der Gedanke, den man sich kaum selbst einzugestehen wagt: Zu dieser Arbeit bin ich nicht bestimmt. Ich fühle mich berufen, für den Herrn zu arbeiten. Er hat mich zu seinem Diener bestimmt. Man fühlt sich berufen, Missionar, Pfarrer, Diakon oder Diakonisse zu werden.

Der große Entschluß wird gefaßt. Welche Erlösung! Nun ist man endlich mit sich selbst im reinen. Man war nicht ungehorsam gegen den Ruf Gottes. Das große Opfer ist gebracht. Sicher und froh geht man an die großen Aufgaben, die nun auf einen warten.

Ist es Glaubensgehorsam oder eigenmächtige Aktivität, aus der die Jugend so wählt? Diese Frage entscheidet nicht nur über die zukünftige Arbeit des jungen Menschen, sondern auch über sein Leben in Gott.

Mancher wird nun gewiß fragen: Kann es denn einen Zweifel darüber geben, daß es von Gott kommt, wenn der Gläubige einen solchen Ruf in seinem Herzen verspürt? Erst gibt er ihm den Gedanken an einen bestimmten Dienst, dann das Interesse daran, dann die Lust dazu und endlich den Mut, sich dafür zu entscheiden. Ja, sicherlich geht es so zu, wenn Gott für besondere Dienste in seiner Gemeinde ruft. Und dennoch ist die Geschichte der Kirche und der Mission voll von Beweisen dafür, daß gläubige Menschen sich zu einem Dienst berufen fühlten, ohne von Gott gerufen zu sein.

Die Frage, ob die Berufung von Gott kommt, ist schwierig. Soweit ich verstehe, will Gott, daß sie schwierig ist. Diese Schwierigkeit hat nämlich Bedeutung für den Glaubensgehorsam und damit für den Dienst, dem der Ruf gilt.

Es macht mich immer unruhig, wenn sich die Jugend, die sich zu einem besonderen Dienst im Reiche Gottes berufen fühlt, nicht mit ihrer irdischen Berufsarbeit abfinden kann. Ob sie nun eine untergeordnete Beschäftigung hat, die sie langweilt und ermüdet, bis es kaum noch auszuhalten ist, oder ob einer selbständig ist, aber sich und die Seinen nicht durchbringen kann – ich glaube nicht, daß dem Reiche Gottes ein Dienst damit getan wird, wenn solchen Leuten besondere Aufgaben anvertraut werden. Jedenfalls vorläufig nicht. Denn es fehlt ihnen noch an Treue und Gehorsam im Glauben, selbst wenn sie die nötige Gnadengabe besitzen. Wer sich zu christlicher Arbeit drängt, weil er sich in seiner irdischen Berufsarbeit nicht wohlfühlt, hat sicher noch nicht genug vom Gehorsam im Glauben gelernt. Und wer sich und die Seinen durch irdische Arbeit nicht ernähren kann, dem fehlt es noch an Treue oder an Tauglichkeit, die notwendig sind, damit wir dem Reiche Gottes keinen Schaden zufügen.

Ich bin mir klar darüber, daß es Ausnahmen gibt, hier wie auf allen Gebieten. Ich wollte nur auf die Regel hinweisen.

Ich glaube, es ist Gottes Wille, daß der Weg zum vollberuflichen christlichen Dienst schwierig und schmal sein soll. Dadurch wird zweierlei erreicht: Diejenigen, die nicht von Gott berufen sind, sondern von eigenwilligem Arbeitsdrang getrieben werden, lassen sich gewöhnlich von Hindernissen schrecken. Infolgedessen bleiben sie dann bei ihrer irdischen Arbeit oft mit größerer Treue als vorher, weil sie durch das demütigende Erlebnis, das sie nun gemacht haben, belehrt sind.

Denjenigen, die wirklich von Gott berufen sind, dienen die genannten Schwierigkeiten zur besonderen Übung im Glaubensgehorsam und damit zur besten Vorbereitung für ihren kommenden Dienst.

Ein gläubiger junger Mensch fühlt sich z.B. zur Mission berufen. Er kämpft lange mit sich. Endlich faßt er den Beschluß, dem Ruf zu folgen. Er empfindet es als ein großes Opfer, Missionar zu werden. Um so größer ist dann seine Enttäuschung, wenn er erlebt, daß ihm alle Wege zum Missionsfeld verschlossen zu sein scheinen.

Entweder scheitert es an seinen Verhältnissen zu Hause oder an seiner Gesundheit, oder die Missionsgesellschaft hat kein Geld, oder sie hat Kräfte genug. Das Ganze ist völlig unverständlich. Er hat das große Opfer gebracht und sich als »Freiwilliger« gemeldet. Nun sieht es aus, als ob ihn weder Gott noch die Menschen brauchen könnten.

Was er dann tut, hängt von seinem Glaubensgehorsam ab. Treibt ihn nur eigenwilliger Tätigkeitsdrang, wird er ungeduldig. Hadert er nicht mit Gott, macht er sicher den Leitern der Missionsgesellschaft schwere Vorwürfe. Wohl ist er ein freiwilliger Missionsarbeiter, aber gehorsam ist er nicht. Jedenfalls vorläufig nicht. Aber nun nimmt sich Gott seiner an, um ihn Glaubensgehorsam zu lehren.

Es ist möglich, daß Gott ihn zur Mission berufen hat, und der Herr hat erreicht, was er als erstes brauchte, nämlich sein Ja. Nun will der Herr seinen Gehorsam prüfen; deswegen verschließt er ihm vorläufig alle Wege. Erst muß er verschiedenes lernen, besonders das, was man am leichtesten vor verschlossenen Türen lernt.

1. Wir müssen warten lernen.

Nur wenige Proben sind schwerer als Warten. König Saul wurde mit vielen schwierigen Aufgaben fertig, die der Herr ihm auferlegte; aber zu warten vermochte er nicht. So verlor er das ganze Königreich (1. Sam. 13,7–14).

Besonders schwer fällt es der Jugend zu warten, wenn sie eine so große Aufgabe vor sich sieht, daß sie ihr das ganze Leben weihen möchte. Zwar ist man noch jung, aber die Jahre gehen dahin, und man kommt nicht zu dem, wozu einen Gott berufen hat!

Aber Gott läßt sich Zeit.

Er weiß, die Wartezeit ist nicht verloren, sondern gut angewendet; in ihr macht er den Menschen zu seinem gehorsamen Diener, der sich ihm beugt und auf seine Zeit und seinen Wink wartet.

Jetzt schafft der Herr den Glauben, der an der Berufung festhält und darauf wartet, daß er, der ihn berief, auch die verschlossenen Türen öffnen wird, wenn seine Stunde gekommen ist.

Gott läßt sich Zeit. Er weiß, es eilt nicht. Wir glauben, es hänge alles von der Länge der Zeit ab, er aber weiß, daß es die Ewigkeit gibt, auch in der Zeit.

Johannes der Täufer wirkte kaum länger als ein paar Monate, und doch sagte Jesus von ihm, daß er der größte war, der vom Weibe geboren wurde. Und Jesu eigener »Arbeitstag« dauerte nicht länger als zwei bis drei Jahre, obwohl er die ganze Welt erlösen sollte.

Wir haben Zeit genug für das, wozu wir berufen sind. Am längsten dauert unsere Ausbildung, aber leider haben wir dazu selten Zeit und Geduld genug. Nach der Bibel besteht der wichtigste Teil unserer Ausbildung darin, bei bescheidener, stiller Arbeit auf des Herrn Stunde zu warten.

Moses war jung und allzu eifrig in seiner Arbeit für Gottes Sache und die Not seines Volkes. Daher warf er sich in wohlgemeintem, aber eigenwilligem Tätigkeitsdrang auf die Arbeit. Es ging nicht gut aus. Aber der Herr konnte sowohl seinen Übereifer wie auch seinen Tätigkeitsdrang gebrauchen. Zunächst mußte Moses jedoch Glaubensgehorsam lernen. Wodurch? Durch Warten, durch vierzig Jahre langes Warten in der Wüste!

Johannes der Täufer verbrachte den größten Teil seines Lebens mit Warten in der Wüste. Und selbst Jesus mußte bis zu seinem dreißigsten Jahr auf die Stunde des Vaters warten.

2. Wir müssen beten lernen.

Ich meine nicht beten im allgemeinen, sondern beten für unsere Berufung und unsere Zukunft. Erst durch einfältiges, unermüdliches Beten öffnen sich dem jungen Menschen die vorher verschlossenen Türen. Durch Gebet bekommt er die Gaben des Geistes, die die Voraussetzung für seine Arbeit für den Herrn sind.

Durch Gebet wird seine kommende Arbeit vorbereitet.

Für seine zukünftige Arbeit beten heißt, die Zeit mit Ewigkeit laden. Wenn so viele von uns trotz langer Tätigkeit so wenig ausrichten, liegt es daran, daß wir meistens unterlassen haben, richtig zu laden. Warten und beten, betend zu warten, gerade das ist ein Werk des Gehorsams.

3. Gott muß uns prüfen.

Als Jesus seine Berufung empfangen hatte und für sie in der Taufe ausgerüstet worden war, wurde er vom Geist in die Wüste geführt, um vom Teufel versucht zu werden (Matth. 4,1). Auch wir bekommen sicher eine Zeit in der Wüste mit vielen schweren Versuchungen, sobald wir vom Herrn zu einer Arbeit in seinem Reiche berufen sind. Bei Jesus suchte der Teufel seinen Gehorsam gegen den Willen des Vaters zu erschüttern. Durch eine ähnliche Prüfung müssen auch wir hindurch.

Der Teufel weiß, daß ein ungehorsamer, eigenwilliger Diener mehr Schaden als Nutzen in Gottes Reich stiftet.

Die große Gefahr für uns, die wir zu einer bestimmten Arbeit in Gottes Reich berufen werden, ist Eigenwilligkeit, Herrschsucht und Wichtigtuerei. »Siehe, da du gering warst in deinen eigenen Augen, wurdest du das Haupt der Stämme Israels«, sagte Samuel zu Saul. Aber als Saul groß wurde in seinen eigenen Augen, wurde er gegen des Herrn offenbarten Willen ungehorsam. Und von Stund an stiftete er Schaden in Gottes Reich.

In der Ausrüstung für eine bestimmte Arbeit in Gottes Reich ist jegliche Gnadengabe mit einer großen inneren Gefahr verbunden. Schon in Korinth war das so. Keine Gemeinde war so reich an Gnadengaben, aber keine war auch so eigenwillig und aufgeblasen. Das geht deutlich aus den beiden Korintherbriefen hervor, die Paulus schreiben mußte. Je reicher die Gnadengaben sind, um so größer ist die Gefahr, aus dem einfältigen Gehorsam des Glaubens in eigenwillige Aktivität hinüberzugleiten. Darum müssen die, die von

Gott berufen sind und ausgerüstet werden, einen »Spezialkursus« in Versuchungen und Prüfungen durchmachen, ehe sie Gelegenheit bekommen, ihre Gnadengabe zu gebrauchen.

Wie gnädig handelt Gott mit uns! Er weiß, woraus wir geschaffen sind, er vergißt nicht, daß wir Staub sind. Darum sorgt er dafür, daß wir durch die enge Pforte von Demütigungen zu unserem gottgewollten Dienst hindurch müssen und nicht durch den Triumphbogen, von dem wir geträumt haben. In dieser Schulungszeit muß uns der Herr verschiedentlich prüfen. Er muß prüfen, was wir wollen und wozu wir taugen, und zwar nicht seinet-, sondern unseretwegen.

Verschiedene junge Leute gehen in eine Bibelschule. Sie fühlen sich zum Predigen berufen und arbeiten fleißig an ihrer Ausbildung. Aber die Arbeit wird zuweilen langweilig und trocken. Sie warten voll Sehnsucht auf den Tag, an dem sie fertig sind und an die Verkündigungsarbeit gehen können. Aber der Herr will prüfen, ob es die Sorge um die Seelen ist, was sie treibt. Ein Teil besteht die Probe. Während ihrer Lehrjahre sehen und benutzen sie fleißig die kleinen Gelegenheiten, die der Herr ihnen gibt, Seelen zu helfen.

Aber andere sehen nicht diese täglichen Aufgaben. Sie sind mit ihrer Ausbildung beschäftigt und vor allen Dingen mit ihrem zukünftigen Beruf. So, als sollte die Sorge um die Seelen erst an einem bestimmten Tage kommen!

Einige junge Leute studieren Theologie. Das dauert lange und kostet viel Geld. Sie arbeiten fleißig und gewissenhaft und freuen sich auf den Tag, an dem das einförmige Studienleben zu Ende ist und sie endlich an die Arbeit kommen, zu der sie sich berufen fühlen.

Aber erst muß der Herr auch sie prüfen, ob es Sorge um die Seelen ist, was sie treibt. Ein Teil besteht die Probe. Sie sehen und fühlen mit den Seelen, zunächst mit ihren Studienkameraden. Sie beten für sie, suchen mit ihnen ins Gespräch zu kommen und ihnen zeitlich und geistlich zu helfen. Solche Studenten werden gute Pfarrer.

Aber andere bestehen die Probe nicht. Sie denken nur an ihre Studien und an ihren zukünftigen Beruf und übersehen dabei die Nöte der Menschen, die neben ihnen sitzen. Andere wieder sehen die Aufgabe wohl und sind oft unruhig, aber sie verschaffen sich Ruhe vor dieser inneren Mahnung, indem sie an die Arbeit denken, die sie später für die Seelen leisten werden, wenn sie erst fertig sind. Sie bestehen wohl das Examen, aber nicht die »Probe«.

Andere junge Menschen gehen auf die Missionsschule. Sie haben Gottes Berufung empfangen, zu den Heiden zu gehen. Eine schwierige, aber wunderschöne Aufgabe, an die sie oft denken und mit der sie sich während der prosaischen und trockenen Lehrjahre trösten.

Auch sie werden vom Herrn erst geprüft, ob es die Sorge um die Seelen ist, was sie treibt. Auch hier wieder besteht ein Teil die Probe, ein anderer nicht. Manche sind so stark mit sich selbst und ihrer Zukunft beschäftigt, daß nichts weiter Platz in ihrem Herzen hat. Alles, was sie hören und lesen, alles, was sie auffordert, für Gott zu kämpfen und Seelen zu gewinnen, übertragen sie gewissermaßen auf ein Konto: ihre zukünftige Arbeit unter den Heiden.

Dort wollen sie für Gottes Sache arbeiten, dort sehen sie ihre Aufgaben und auch schon ihre Erfolge.

Wäre ich Missionsschüler, ich glaube, ich würde kaum wagen, zu den Heiden zu gehen, wenn Gott mir nicht gnädig geholfen hätte, wenigstens einen Menschen in der Heimat für ihn zu gewinnen.

Denn draußen bei den Heiden ist die Arbeit viel schwieriger als hier.

Wenn sogar Jesus Gehorsam lernen mußte (Hebr. 5,8), wundert es uns nicht, daß wir ihn lernen müssen. Und wenn Jesu Leben eine einzige Übung im Gehorsam war, dann ist unser Leben von Gott auch als eine Schule des Gehorsams gedacht. Wenn wir merken, wie wenig wir noch vom wahren und inneren Gehorsam gelernt haben, soll es uns ein Trost sein, daß wir uns noch in der Schule befinden und daß wir in Jesus einen zuverlässigen und verständnisvollen Lehrer haben.

Zwei Mittel sind es, die er besonders gebraucht, wenn er uns Gehorsam lehren will: Versuchung und Leiden. Er stellt unseren Gehorsam auf die Probe. Das heißt, er läßt Umstände und Situationen eintreten, wo die Gelegenheit zum Ungehorsam gleichsam verlockend vor unseren Füßen liegt. Entweder so, daß wir durch Ungehorsam scheinbar einen großen Vorteil gewinnen, oder so, daß wir durch einen kleinen Ungehorsam einer großen Gefahr entgehen.

Hier kann uns Jesu Verhalten zu Judas etwas lehren. Aus dem, was von Judas erzählt wird, geht deutlich hervor, daß sein schwacher Punkt sein Verhältnis zum Geld war. Nun sollte man meinen, Jesus hätte in jeder Weise dafür gesorgt, daß Judas keine Gelegenheit gegeben würde, sich am Mammon zu vergreifen. Aber zu unserer Verwunderung sehen wir, daß Jesus ausgerechnet Judas zum Kassierer des Geldes macht, das er und seine Jünger von guten Freunden zum Lebensunterhalt bekommen. Jesus will ihm also die Probe nicht ersparen. Und er stellte ihn gerade in dem Punkt auf die Probe, wo er es am nötigsten hatte.

Es ging schlimm aus, und es könnte uns ängstlich und mutlos machen, wenn wir daran denken, der Herr könnte auch uns an unserem schwächsten Punkt prüfen. Aber dann sollen wir uns daran erinnern, daß er sowohl die Versuchung als auch ihren Ausgang so gestalten will, daß »ihr es könnet ertragen« (1. Kor. 10,13).

Wenn Jesus Judas in diese Versuchung führte, so wußte er, daß er Judas in seiner täglichen Fürbitte und liebevollen Fürsorge die Kraft zuführen konnte, die er benötigte, um die Probe zu bestehen. Wenn Judas fiel, so war es nicht, weil er fallen mußte, sondern weil er es wollte.

Etwas Ähnliches lernen wir von Petrus. Er war eine warme, frische, impulsive, rechtschaffene Natur. Aber schwach und leicht zu erschrecken. Das sehen wir deutlich bei seinem feigen und heuchlerischen Auftreten in Antiochien (Gal. 2,11–14). Und ausgerechnet dieser schwache Jünger kam in jener schrecklichen Nacht in den Vorhof des Hohenpriesters – für eine solche Natur eine besonders gefährliche Situation. Noch schlimmer war, daß er und nicht Johannes von der Magd gefragt wurde: Warst du nicht auch mit dem Nazarener? (Mark. 14,67). Auch er wurde an seinem schwächsten Punkt auf die Probe gestellt.

Wir erleben dasselbe. Der Herr erspart uns nicht die Gelegenheiten zur Versuchung. Im Gegenteil, er läßt sie eintreten, wo wir am schwächsten sind. Und wir erleben schwere Niederlagen wie Petrus. Da kommt es uns vor, als seien alle vorhergegangenen Übungen im Gehorsam vergeblich gewesen, und wir versinken leicht in Verzagtheit. Aber dann vergessen wir, daß der Meister es ist, der uns erzieht. Genau wie Petrus lernen wir oft mehr aus unseren Niederlagen als aus unseren Siegen. Die ehrliche Seele bekommt durch Niederlagen einen Blick für ihren angeborenen Ungehorsam und drängt sich an ihren Erlöser, um zu vermeiden, daß sein Herz betrübt und seinem Namen Unehre gemacht wird.

Leiden ist das andere Mittel, das der Herr anwendet, um uns Gehorsam zu lehren. Auch von Jesus steht geschrieben, daß er Gehorsam durch das lernte, was er litt (Hebr. 5,8). Dann wundern wir uns nicht, daß auch wir durch die Schule des Leidens müssen, um gehorsam zu werden. Leiden ist das beste Mittel, uns im Gehorsam zu üben. Und den Gehorsam, den jeder von uns hat lernen müssen, haben wir sicher in den großen und kleinen Leiden erworben, die der Herr uns auferlegt hat.

Wir haben eine angeborene Furcht davor, zu leiden. Darum wird unser Gehorsam so schwer auf die Probe gestellt, wenn Gott durch das Leid zu uns kommt. Der Gläubige muß sich wie alle anderen in das Leid finden. Aber die Gesinnung, mit der er ihm begegnet und es trägt, enthüllt ihm das Mißtrauen gegen Gott, das in seinem Herzen steckt. Dieses Mißtrauen empfinden wir nicht, solange wir Glück und gute Tage haben. Aber nun, da Leib und Seele durch Leiden erschöpft, wo alle unsere Pläne von Gottes unerbittlichem Willen durchkreuzt werden, nun ist es schwer, zu vertrauen. Und nun fängt das Mißtrauen an.

Warum verfährt Gott so mit mir? Meine Freunde und Bekannten leben froh und unangefochten!

Wird das Leiden nun schwer, entweder besonders heftig oder besonders lang, dann wird der Gehorsam an der Wurzel geprüft. Man wendet sich in seiner Not an Gott und bittet ihn, das Leid zu lindern oder es wegzunehmen. Man weiß, Gott braucht nur seinen Finger zu rühren, und man wird sein Leiden los. Aber Gott tut es nicht. Das Leiden nimmt seinen natürlichen Lauf. Da wird sowohl der Glaube wie der Gehorsam geprüft. Wie kann Gott das zulassen? Ist er nicht barmherzig? Warum lindert er das Leiden nicht bei seinem hilflosen Kinde, das ihn so innig darum bittet?

Aber das Vertrauen und der Gehorsam werden in Gottes Augen erst wertvoll, wenn sein Kind sich unter seine gewaltige Hand beugt. Denn nun vertraut es auf Gott, nicht auf seine Gaben. Nun liebt es Gottes Willen, selbst wenn er den eigenen zerbricht. Das ist in Wahrheit Glaubensgehorsam.

### *Blinder Gehorsam*

Das ist höchste Stufe im Glaubensgehorsam. Wir nennen ihn blinden Gehorsam, weil er nicht das Geringste sieht oder versteht von

Gottes Absicht oder Plan mit den Leiden und Schwierigkeiten, die er den Menschen schickt. Auch Jesus mußte diesen Gehorsam lernen. In Gethsemane und am Kreuz durfte der Versucher seinen sonst so klaren Blick verdunkeln, so daß er nicht die Absicht des Vaters mit den unerträglichen Leiden, die er seinem Sohn auferlegte, verstehen konnte. Zuerst bat er: Mein Vater, ist es möglich, so laß diesen Kelch an mir vorübergehen. Und in der höchsten Not rief er: Mein Gott, mein Gott, warum hast du mich verlassen?

Aber er war gehorsam und blieb es. Seinem Gebet um Erlösung fügte er die wunderbaren Worte hinzu: Doch nicht, wie ich will, sondern wie du willst. Hier ist der Gehorsam vollendet. In dieser seiner tiefsten Erniedrigung verstand Jesus nicht den Willen des Vaters. Ja, es kam ihm vor, als habe ihn der Vater verlassen. Doch auch hier wird sein Gehorsam nicht erschüttert. Was auch der Vater mit ihm tut, er unterwirft sich seinem Willen. Das ist der vollendete Glaube an Gott. Und auch der vollendete Gehorsam. Glaubensgehorsam in seiner Vollendung. Das ist, wie die Schrift sagt, der innerste und eigentliche Kern der Erlösung: »Er war gehorsam bis zum Tode. Darum hat ihn auch Gott erhöht« (Phil. 2,9). »Also durch Eines Gehorsam werden viele Gerechte« (Röm. 5,19).

Auch Abraham mußte blinden Gehorsam lernen. Sein Glaube und sein Gehorsam wurden auf verschiedene Proben gestellt. Er war aus seinem Land und Volk ausgewandert, weil Gott ihm gebot, in ein Land zu reisen, das seinen Nachkommen gehören sollte. Dort wollte Gott sein Geschlecht und seine Nachkommen segnen.

Aber er und seine Frau Sara bekamen keine Kinder. Die Zeit verstrich, und Sara wurde 90 Jahre alt. Wir können uns vorstellen, auf welch harte Probe Glaube und Gehorsam in diesen langen Jahren gestellt wurden. Endlich schenkte Gott durch ein Wunder diesen beiden betagten Menschen einen Sohn. Die Freude war natürlich groß, und sie fühlten sich doppelt belohnt für die langen Jahre des Wartens und der Drangsal.

Dann geschah das Schreckliche. Als der Knabe halberwachsen

war, offenbarte sich Gott dem Abraham abermals. Die himmlische Stimme sprach die rätselhaften Worte: »Nimm Isaak, deinen einzigen Sohn, den du lieb hast, und gehe hin in das Land Morija und opfere ihn daselbst zum Brandopfer auf einem Berge, den ich dir sagen werde« (1. Mos. 22,2). Unverständlich! Sinnlos! Erst gibt Gott ihm einen Sohn in seinem hohen Alter, und dann will er sein Leben, noch ehe er erwachsen ist. Wo bleiben da Gottes Versprechungen vom Geschlecht und vom Segen für alle Geschlechter auf Erden? Oder war Gottes Zorn entfacht? Hatte Abraham oder Sara sich versündigt? Und warum sollte das seinen Sohn treffen, ja sogar sein Leben?

Lies das 22. Kapitel im 1. Buch Mose, dann wirst du sehen, was es bedeutet, an Gott zu glauben. Abraham wird in der Bibel der Vater der Gläubigen genannt (Röm. 4,11–12). Diese Erzählung zeigt, was es ihn gekostet hat. Abraham war weder vollkommen noch sündlos, aber trotzdem bedeutete für ihn »an Gott glauben« dasselbe wie »Gott gehorchen«. Darum gehorcht er ihm auch jetzt, ohne zu wanken, ohne Einwendungen. Er nahm seinen Sohn und ging mit ihm in das Land Morija, um zu tun, was der unerforschliche Gott ihm befohlen hatte. In der ganzen Heiligen Schrift finden wir kein ähnliches Beispiel von bedingungslosem menschlichen Gehorsam gegen Gott.

Jedes Gotteskind wird früher oder später in seinem Leben den Tag erleben, da Gott ihm die Forderung nach blindem Gehorsam stellt.

Wir alle hegen einen angeborenen Ungehorsam gegen Gott. Darum kostet es uns immer einen Kampf, Gott zu gehorchen, sogar dann, wenn wir die Absicht seines Befehls verstehen, weil wir die Bedeutung ahnen, die es für uns oder andere hat, wenn wir uns freiwillig unter Gottes mächtige Hand beugen. Die Versuchung zum Ungehorsam ist jedoch viel stärker, wenn wir keinen Sinn oder Plan in dem sehen, was Gott uns auferlegt.

Es gehört zu Gottes Wesen, unbegreiflich zu sein (Röm. 11,33;

Jes. 55,8–9). Er ist so groß, daß kein Geschöpf ihn richtig verstehen kann. Darum kann kein Mensch Gott erleben, ohne auf seine Unbegreiflichkeit zu stoßen.

Wir können viel ertragen und verhältnismäßig still leiden, wenn wir nur einen Grund für unser Leiden sehen oder einen Sinn darin finden. Aber das Unbegreifliche, das uns so leicht sinnlos erscheint, irritiert uns und bringt uns mehr als alles andere gegen Gott auf. An nichts anderem stoßen wir uns so leicht wie an dieser seiner Unbegreiflichkeit. Denken wir an das Wort Jesu: »Selig ist, der sich nicht an mir ärgert« (Matth. 11,6).

Nichts zerbricht unser Selbstvertrauen stärker als diese Eigenschaft Gottes. Solange wir nicht gelernt haben, uns dem unbegreiflichen Gott zu übergeben, ist unser ganzes Menschenwesen noch in Aufruhr. Das Unbegreifliche erfüllt uns immer mit lähmender Angst. Aber wer dieser Angst standhält, ohne vor Gott und seinem eigenen Gewissen zu flüchten, wer vor dem unbegreiflichen Gott stehenbleibt, der erlebt das Wunder, daß Gott das Selbstvertrauen zerbricht. Ohne zu verstehen, wird der hilflose Sünder von dem unbegreiflichen Gott angezogen. Gott selbst in Christus hilft ihm dazu, sich vor Gottes Unbegreiflichkeit zu beugen, sich auf den unbegreiflichen Gott zu verlassen und in ihm zu ruhen.

Wie Abraham, erhalten auch wir die Aufforderung von Gott, unseren Isaak zu opfern, das Liebste und Teuerste, was wir besitzen, an das sich alle unsere Hoffnungen knüpfen, vielleicht sogar gerade das, was wir von Gott bekommen haben, um ein Segen zu sein.

Für ein ehrliches Gotteskind ist die Gebetskammer ein harter Kampfplatz, wo es in Einsamkeit viele Hoffnungen und Pläne begräbt.

Jesus spricht an einer Stelle von Menschen, die sich selbst verschnitten haben um des Himmelreiches willen. Und er fügt die merkwürdigen Worte hinzu: »Wer es fassen mag, der fasse es!« (Matth. 19,12).

Eine junge gläubige Bauersfrau erlebte eines Tages das Schreckliche, daß man ihren Mann tot ins Haus brachte. Er hatte auf dem Felde einen Herzschlag bekommen. Dieser Schlag wirkte zunächst fast betäubend auf sie. Lange Zeit ging sie wie irre umher. Aber ihr einziges Kind, ein kleiner Knabe, gab ihr nach und nach den Lebensmut zurück. Und da er seines Vaters Ebenbild war, wurde er ihr doppelt lieb.

Nach einigen glücklichen Jahren bekam der Kleine Diphtherie. Der Arzt behandelte ihn sofort. Zunächst ging es gut, aber die Krankheit nahm eine ernste Wendung, und der Arzt sagte der Mutter, daß der Junge nur noch Stunden zu leben habe. Da ging die Mutter in ihre Kammer und rief Gott in ihrer Not an. Der Knabe war das Teuerste, was sie auf Erden besaß, das einzige, wofür sie lebte, und sie bat Gott, ihn behalten zu dürfen. Als sie ins Krankenzimmer zurückkam, war der Knabe eingeschlafen. Der Arzt sah sofort, daß eine Veränderung mit ihm vorgegangen war. Begreifen konnte er das nicht. Als der Knabe nach mehreren Stunden erwachte, war er frisch, aß, spielte und sprach wie sonst. Die Freude der Mutter war unbeschreiblich. Sie hatte nicht nur ihren Knaben behalten dürfen, sondern Gott hatte auch ihr Gebet erhört und ein Wunder getan. Der Knabe blieb gesund.

Da kam der Mutter plötzlich der Gedanke: Was hast du getan? Gott wußte womöglich, daß es das beste für das Kind war, jetzt zu sterben. Vielleicht war es der einzige Weg, ihn zu erlösen. Und wenn du nun in deiner Eigenliebe bei Gott deinen Willen durchgesetzt hast, bist du dann nicht schuld an seinem Unglück?

So kämpfte die Mutter mehrere Tage und schwankte hin und her zwischen Dank für das Wunder und Furcht wegen ihrer Eigenwilligkeit. Schließlich ging sie wieder in ihre Kammer. Sie mußte Gott den Knaben zurückgeben, obwohl es ihr das Herz zerriß. Was würde aus ihrem Leben ohne das Kind werden? Sie vermochte nicht daran zu denken. Sie verschloß Augen und Gedanken und legte den Kleinen in Gottes Hände zurück und sagte: Habe ich durch mein Gebet erzwingen wollen, den Knaben gegen deinen Willen zu behalten, so bitte ich nun, mit ihm nach Deinem Willen zu tun und nicht nach meinem.

Danach wurde sie ruhig und legte sich am Abend so zufrieden nieder wie seit langem nicht.

Der Kleine schlief friedlich. Als sie am nächsten Morgen erwachte, lag er tot in seinem Bett.

Heldentaten vor des Herrn Angesicht werden in der Stille vollbracht. In den Zeitungen steht nichts davon, wohl aber weiß der Herr von diesen Kämpfen und Siegen. Und er lohnt es nicht nur im Himmel, sondern auch auf Erden. Denn wer sein Leben verliert, der wird es finden. Er wird den eigentlichen Sinn des Lebens finden, der darin besteht, an Gott zu glauben und ihm zu gehorchen. Das bedeutet Glaubensgehorsam.

# In der Stunde der Versuchung

*»Simon, Simon! Siehe, der Satanas hat euer begehrt, daß er euch möchte sichten wie den Weizen. Ich aber habe für dich gebeten, daß dein Glaube nicht aufhöre.«* *Luk. 22,31–32*

Die Versuchung ist das Gefahrenmoment des Lebens, das zeitliche und ewige Risiko des Daseins.

Die Versuchung gehört zum geistigen und persönlichen Leben. Es gibt kein menschliches Leben ohne Versuchung. Es gibt keine Moral und keine Religion ohne Versuchung. Auch keinen Charakter, der nicht durch die Feuerprobe der Versuchung gehen müßte.

Die Stunde der Versuchung! Sie ist die Schicksalsstunde unseres Lebens, sie bestimmt über unser Leben. Zwischen diesen Stunden der Versuchung fließt unser Leben verhältnismäßig ruhig und ungefährdet dahin. Aber in der Stunde der Versuchung geschieht etwas in uns. Etwas für unser Leben Entscheidendes.

Die Stunden der Versuchung sind kurz, aber schicksalsschwer und ewigkeitserfüllt. Unser Leben, nicht bloß das zeitliche, sondern auch das ewige, wird in diesen kurzen Augenblicken entschieden.

Deshalb ist die unsichtbare Welt an der Stunde der Versuchung beteiligt. Sie weiß, was der Augenblick der Versuchung für uns bedeutet, und folgt daher der Versuchung nicht nur mit gespannter Aufmerksamkeit, sondern mit ihrer unsichtbaren Tätigkeit. Das meint Jesus in dem angeführten Wort: »Simon, Simon! Siehe, der Satanas hat euer begehrt, daß er euch möchte sichten wie den Weizen.«

Beachten wir die starken Ausdrücke, die Jesus gebraucht: »Satanas hat begehrt . . ., daß er euch möchte sichten wie Weizen.« Es ist das teuflisch Aktive und Zielbewußte, was Jesus hier unterstreichen will. Es ist die unsichtbare Ewigkeitsseite der Versuchung, die ihr einen Ernst verleiht über alle Grenzen der Zeit hinweg. Die Hölle reckt sich unsichtbar in die Zeit hinein als eine ewig rinnende Quelle der Versuchung. Darauf weist Jesus uns Menschen hin, die wir den schwierigen Weg des Lebens gedankenlos und leichtsinnig immer am schwindelnden Höllenabgrund der Ewigkeit entlanggehen.

Sicher kennen oder ahnen wir alle etwas von diesen unsichtbaren Kräften der Hölle, die in unser Leben eingreifen. Das Spiel des Lebens geht dann in Ernst über. Wir fühlen uns dann wie Holz in einem Wasserfall, herumgewirbelt in dem mächtigen Mahlstrom der Lüste. Oder in dem unheimlichen Sog der Ereignisse, die wir weder vorhergesehen noch berechnet haben und die zu beherrschen wir nicht in der Lage sind.

Ereignisse sind stärker als alle Gedanken und Ideen. Judas bekam den Geldbeutel. Petrus bekam Zugang zum Vorhof des Hohenpriesters, und gerade ihn fragte die Magd, ob er nicht auch einer von den Nazarenern sei.

Wir erleben Ähnliches. Ein Zusammenhang von Ereignissen kommt plötzlich über uns. Die zartesten, feinsten Organe unserer Seele fühlen sich intuitiv von der kalten klammen Hand gepackt, die aus der Hölle unsichtbar nach uns greift. Selbst die Jüngsten unter uns haben es schon erfahren.

Auch der Himmel ist in der Stunde der Versuchung dabei: »Ich habe aber für dich gebeten, daß dein Glaube nicht aufhöre«. Auch dies will Jesus uns über die Stunde der Versuchung sagen. Die Versuchung hat nicht nur mit der Hölle, sondern auch mit dem Himmel zu tun. Vom Himmel werden alle Kräfte eingesetzt, die dazu nötig sind, die Menschenseele gegen einen Angriff der Hölle zu schützen. Hier nennt Jesus besonders die Fürbitte.

Das wirft neues Licht auf die Versuchung. Ein heftiger Kampf entbrennt nicht nur in der Menschenseele, sondern auch um sie. Und keine Geringeren als Himmel und Hölle, Gott und Satan kämpfen um die Seele. Auch davon spricht Jesus, um uns gedankenlose Menschen zu erwecken. Wir leben leichtsinnig, als sei die Versuchung nur ein Scherz oder ein Spiel, während Himmel und Hölle auf Leben und Tod um die leichtsinnige Seele kämpfen.

Könnte Gottes Geist uns die Augen öffnen für den Ernst und das Risiko des Lebens! Dann würden wir etwas von dem heiligen Schrecken erfahren, von dem die Bibel spricht (Luk. 12,4–5; Phil. 2,12–13). Dieser Schrecken steht nicht in Widerspruch zum Vertrauen zu Gott, auch nicht zur Liebe zu ihm. Aber er steht in Widerspruch zu den Plänen der Hölle, die uns betäuben will, so daß wir weder etwas sehen noch merken von dem ewigen Risiko des Lebens.

»Ich aber habe für dich gebeten, daß dein Glaube nicht aufhöre.« Wir haben einen wachen und treuen Erlöser. Er folgt dem Gang der Ereignisse in unserem kleinen Leben. Er weiß, wann der Versucher seine Schlinge legt, und sieht zugleich, wie leichtsinnig unvorbereitet wir sind. Dann greift er ein und weckt uns, damit wir die Gefahr sehen. Er will uns aber nicht zwingen. Er tut alles, was er kann, greift aber in unsere Entscheidung nicht ein, weil er uns unseren freien Willen lassen will.

Ein Seemann erzählte mir, daß er auf seiner ersten Reise in einer großen Hafenstadt mit seinen Kameraden an Land kam. Der Weg führte nicht dahin, wo es gut war. Sie waren schon in ein »Hotel« hineingekommen, das mit allen Sündenlüsten lockte, als er eine Stimme hörte, die laut rief: »Mutter!« Im selben Augenblick war er wach. Er erkannte die Höllenkräfte, die die Hände nach ihm ausstreckten. Ohne ein Wort verließ er seine Kameraden und ging an Bord zurück. Da entschied sich sein Leben. In diesem Augenblick sah er nicht nur das Bild seiner Mutter, sondern auch seinen Erlöser: »Ich bat für dich, daß dein Glaube nicht aufhören sollte.« Das wurde seine Rettung fürs Leben. Satan begehrte, ihn zu verführen, und Jesus verbot es ihm nicht. Aber durch seine Fürbitte wandelte er diesen Angriff Satans um zur ewigen Rettung für den jungen Mann.

In der Stunde der Versuchung fungiert unser ganzes Seelenleben abnorm. Die Sünde ist ja überhaupt der Ausdruck für ein abnormes Seelenleben. Denn es gibt nichts Sinnloseres, nichts Unlogischeres als sündigen. Die Sünde ist das einzig Sinnlose in Gottes Schöpfungswerk. Es gibt nämlich keinen vernünftigen Grund dafür, zu sündigen und Gottes Willen zu übertreten. Es gibt nur einen Grund dafür, und das ist der böse Wille. In der Versuchung tritt das Abnorme des Seelenlebens am klarsten hervor – im Gefühl, im Verstand und im Willen.

Im Gefühl wird ein brennendes Verlangen nach dem Verbotenen entfacht, das uns in dieser Stunde wichtiger und wertvoller als alles in der Welt erscheint.

Auf den Verstand wirkt die Versuchung wie eine Erschlaffung der Urteilskraft, nicht nur der moralischen, sondern auch der intellektuellen. Die normale Wertbeurteilung tritt außer Kraft, und die Sünde verliert mehr und mehr von ihrer Gefährlichkeit. Alle Bremsen des Verstandes sind abgeschaltet. Der intelligenteste Mensch kann in der Stunde der Versuchung unglaubliche Dummheiten begehen, die er oft sein ganzes Leben lang bereut.

Auf den Willen wirkt die Versuchung lähmend. Alle guten Vorsätze schmelzen in der Hitze der Versuchungsstunde wie Wachs und zerrinnen uns unter den Händen. Wir ähneln einem Berauschten, der die größten Anstrengungen macht, sich zu erheben, aber nur erreicht, daß er stürzt.

In der Stunde der Versuchung geschehen noch schlimmere Dinge. Wir haben etwas, was wir Wunschgedanken nennen, d. h. Gedanken, die nicht nach den Gesetzen des Denkens vor sich gehen, sondern nach den Einfällen und Launen unserer Wünsche. Um unsere Wünsche zu rechtfertigen und zu unterstützen, versuchen wir, ihnen logische Begründungen zu geben. Können wir unsere Handlungsweise nicht moralisch verteidigen, sind wir um so eifriger bemüht, sie logisch zu verteidigen. So beginnt die innere Verlogenheit, die darin besteht, daß man in der Versuchungsstunde nicht nur sündigt, sondern sich danach selbst belügt. Man lügt sich von den bösen Motiven frei. Wenn man in der Versuchung nicht bestanden hat, dann nicht – so sagt man sich –, weil man das Sündhafte wollte, sondern weil die Umstände daran schuld waren oder andere Menschen oder angeborene Anlagen. Damit hat man sich über das Tiefste in der Sünde, die eigene Schuld, hinweggelogen.

Hier liegen die Anfänge zur Unwahrhaftigkeit und Verlogenheit, die mit teuflischer Logik jeden Schlag vom Gewissen her parieren.

Die Stunde der Versuchung wurde die Erniedrigung unseres Lebens. Ich denke, wir alle tragen Erinnerungen mit uns herum, bei denen uns die Schamröte ins Gesicht steigt. In einer solchen Situation werden alle, die es wagen, sich ins Gesicht zu sehen, furchtbar mutlos. Besonders junge Leute. Sie werden überwältigt von der Selbstverachtung, von dem Ekel vor sich selbst. Sie merken, daß sie völlig untauglich sind für das Leben, daß sie eigentlich nur Erfolg haben, wenn die Versuchung sie nicht antastet. Darüber hinaus sehen sie, daß sie nicht nur sündig sind, sondern für sich selbst und für andere gefährlich und verderblich. Sie stellen fest, daß sie sich und andere degradieren.

Dann steigt eine brennende Frage in dem jungen Menschen auf, der nicht ruhig zusehen kann, wie er in dieser Erniedrigung und Verlogenheit versinkt: Wie kann ich in der Versuchungsstunde bestehen? Das wird nun eine Frage über Leben und Tod! Es ist also nicht mehr die Frage, wie man klug und gewandt die Lüste verdrängen oder gefährlichen Konsequenzen ausweichen kann. Im

Gegenteil, jetzt fragt man nach dem Sieg: wie man der Versuchung begegnen kann, ohne zu fallen.

### *Wie kann man der Versuchung begegnen?*

Wer so fragt, dem möchte ich sagen, daß mich vor 54 Jahren keine andere Frage so beschäftigte wie diese: wie werde ich meine Versuchungen besiegen?

Ich habe Antwort bekommen und freue mich, dich mit demselben Trost trösten zu können, der mir damals zuteil wurde. Und ich sage dir: Es gibt nur einen Einzigen, der dir helfen kann. Du kannst durch die ganze Welt wandern und so viel Ratschläge hören, wie du willst. Du wirst unzählige Ratschläge bekommen. Aber Ratschläge hast du selbst. Kraft ist das, was du brauchst. Doch niemand von ihnen hat Kraft. Nur Einer hat Kraft. Das ist Christus. Er hat Junge und Alte aus dem Schmutz gezogen und zu heiligen Menschen gemacht.

Wirf dich nieder vor deinem Erlöser! Sage ihm die Wahrheit, wie du in allen Versuchungen unterlegen bist. In der gleichen Stunde nimmt er dich auf von deiner Sünde und deinem Schmutz und wäscht dich rein. Er löscht alle deine Versündigungen aus und wirft sie hinter sich in das Meer des Vergessens. Du bist freigesprochen! Du bist Gottes Kind um Jesu Christi willen.

Du verstehst das nicht. Nein, ich auch nicht, aber ich bin froh darüber, zum Glauben an ihn gekommen zu sein, der mich geliebt und sich selbst für mich hingegeben hat. Das ist der entscheidende Anfang zum Sieg über die Versuchungen.

Dieser Sieg beruht nämlich ebenso wenig auf deiner Moral wie auf deiner Religion. Das ist auch eins von den Paradoxa des Christentums, ein Ärgernis des Christentums. Dieser Sieg über die Versuchung beruht nicht auf den neuen moralischen Kräften, die wir durch unsere neue Geburt bekommen. Der neue Mensch in uns wird in diesem Erdenleben niemals stark genug sein, daß er den alten Menschen zu besiegen vermöchte. Nein, unser Glaube ist der Sieg, der die Welt überwunden hat (1. Joh. 5,4).

Das erscheint der Welt wie eine unmoralische Lehre, die den Menschen ermuntert, sich in ein mystisches Gotteserlebnis zu werfen, anstatt seinen eigenen Willen aufs äußerste anzuspannen.

Dieser Kampf und Sieg des Glaubens sind auch den Gotteskindern so neu und befremdend, daß es seine Zeit dauert, bis sie lernen, daß nur der Glaube ihnen hilft, den Kampf zu führen und den Sieg zu gewinnen.

Das ist auch der Grund, warum viele Bekehrte in der ersten Zeit in Not und Sorge geraten. Sie haben den ehrlichen Willen, an Gott zu glauben, aber sie verlieren oft den Mut, weil sie noch nicht gelernt haben, mit der Versuchung fertig zu werden.

Man hatte sich Jesu Rat gemerkt: »Wachet und betet, daß ihr nicht in Versuchung fallet« (Mark. 14,38). Aber zu wachen ist ermüdend und anstrengend, und so mancher gibt es bald auf. Andere bleiben treu auf ihrem Posten, aber auch sie ermüden, über sich selbst und ihre Neigungen zu wachen. Es liegt daran, daß sie das Wachen mißverstanden haben.

Wenn ein Heer in Feindesland eindringt, werden überall Wachtposten aufgestellt. Diese sollen sich nicht in einen Kampf mit dem Feind einlassen, sie sollen den Feind im Auge behalten, und sobald sie mit ihm Fühlung haben, sollen sie es dem Hauptquartier melden, damit sich das Heer zum Kampf rüsten kann. Dasselbe soll unsere Wachsamkeit tun. Wir wollen feststellen, wo der Feind steht, und es unserem Hauptquartier melden, damit von dort aus der Feind für uns abgewehrt werden kann.

Nun gibt es viele ehrliche Seelen, die wachen und beten, aber trotzdem erliegen. Wohl deshalb, weil ihnen der Blick fehlt für das Wunder im Kampf und Sieg der Gläubigen.

Es ist die Glaubensseite in diesem Kampf, der ihnen noch unklar ist. Aber eben diese Seite will der Herr ihnen jetzt zeigen. Und das geschieht – merkwürdig genug – eben durch die Niederlagen. Die heilige Kunst des Glaubens besteht von der ersten bis zur letzten Stunde darin, sich vom Herrn zunichte machen zu lassen, sich von seiner eigenen Sündengebundenheit überzeugen und vom Herrn ohne Grund begnadigen zu lassen, d. h. aus Gnade; aber es heißt auch, seine völlige Ohnmacht der Versuchung gegenüber eingestehen und sich von einem anderen, nämlich Gott, retten zu lassen, ohne irgendetwas mehr zu tun, als sich eben retten, d. h. den Herrn das Wunder vollbringen zu lassen.

Dieser Kampf ist ein Glaubenskampf und dieser Sieg ein Glaubenssieg. Er wird nur von denen gewonnen, die sich im Glauben vor Gottes vernichtender Gnade gebeugt haben, sich im Glauben von ihrer Niederlage überzeugen lassen, und jedes Vertrauen zu sich selbst aufgeben und ihre Hände wie hilflose Kinder ihrem Befreier entgegenstrecken. Das ist das Ärgernis am Kampf des Gläubigen gegen die Versuchung.

Wenn der Wachtposten Fühlung mit dem Feind bekommt, besteht seine Aufgabe darin, augenblicklich zu melden, daß der Feind da ist. Ebenso ist es in unserem Kampf. Unsere Feinde sind uns völlig überlegen. Wir stehen ja nicht nur gegen unser eigenes Fleisch und Blut im Kampf, sondern gegen das Geisterheer des Bösen.

Darum ist es aussichtslos für uns, mit dem Feinde zu streiten. Unser neuer Mensch ist ja nicht einmal imstande, den alten zu besiegen. Nein, unsere Aufgabe in diesem ungleichen Kampf besteht in zwei einfachen Dingen. Zuerst müssen wir wachsam sein gegenüber dem Feind und ihn erkennen, wenn er sich nähert. Zweitens müssen wir es dem Oberbefehlshaber melden. Unser Oberbefehlshaber ist Jesus Christus, der endgültig unsere Feinde besiegt hat und uns an diesem seinem Sieg teilhaben lassen will, so oft uns die Versuchung überkommt. Er ist nicht weit entfernt von uns, er ist immer an unserer Seite. Das einzige, was ich zu tun habe, wenn ich merke, daß sich die Versuchung nähert, ist, zum Herrn zu rufen: Komm, Herr, meine Feinde sind hier. Komm, und hilf mir aus der Versuchung!

Folge nun diesem einfachen Rat Jesu! Dann wirst du erleben, daß das keine Redensarten sind, sondern ein sicherer Weg zum Sieg, sogar über deine schwierigsten Gewohnheitssünden.

Wenn wir von der Versuchung überwunden werden, geschieht es entweder, weil wir den Sieg nicht ehrlich wollen, sondern heimlich mit der Sünde im Bunde stehen – in diesem Falle kann uns nicht einmal der allmächtige Gott helfen –; oder wir wollten wohl siegen, hatten aber noch nicht unsere eigene Hilflosigkeit begriffen und uns im Augenblick der Versuchung nicht in die Arme des Erlösers geworfen, damit er unseren Feind entwaffne. Und dies will ich unterstreichen: die Versuchung überwindet uns, wenn wir nicht gelernt haben, uns sofort an den Herrn um Hilfe zu wenden. Das Gefährliche an der Versuchung ist ja, daß sie uns nach und nach verwirrt, unsere moralische Urteilskraft schwächt und daß sich unser Blick für die Sünde, die uns gerade versucht, unter dem Einfluß der Versuchung verändert.

Solange wir nicht unter dem Einfluß der Versuchung stehen, sind wir stark. Wir fühlen geradezu Widerwillen gegen die Sünde. Aber wenn die Versuchung naht, geschieht die Veränderung still und ohne daß wir es merken. Sie stachelt die Begierde an, setzt unsere Urteilskraft herab und lähmt unseren Willen.

Darum siegen auch nur diejenigen über ihre Versuchungen, die von ihrer eigenen Kraftlosigkeit und Ohnmacht in diesem ungleichen Kampf überzeugt sind und sich, ohne es auf einen Kampf ankommen zu lassen, wie ein Kind an ihren Erlöser klammern und rufen: Nun falle ich wieder, wenn du dich nicht zwischen mich und meine Versuchungen stellst.

*Wie nimmt Jesus unseren Versuchungen die Kraft?*

Auf verschiedene Weise. Es kann durch ein kleines Ereignis geschehen, so alltäglich, daß ein anderer es gar nicht merkt. Aber für dich ist es eine Botschaft von deinem Erlöser, der dich wieder klar sehen und die Versuchung verschwinden läßt.

Vielleicht fiel auch nur ein Wort in deiner Umgebung. Es war kein besonderes Wort, aber du sahst darin eine Botschaft von deinem Erlöser, und dir war sofort geholfen. Oder dir fiel plötzlich ein Wort aus der Bibel ein, das das lockende Spiel der Versuchung im selben Augenblick verstummen ließ.

Meistens geht es so zu, daß Gottes Geist uns, wenn die Versuchung kommt, auf Christus weist und uns den blutenden, sterbenden Erlöser zeigt. Und gleich fällt ein Licht auf die Sünde, so daß sie uns nicht mehr versucht – diesmal. Wir haben gesiegt. Und stehen da, dankbar, daß wir auch diesmal davor bewahrt geblieben sind, der Begierde des Fleisches nachzugeben.

Doch dieser Sieg wird nicht ein für allemal gewonnen. Die Versuchung werden wir nicht los, die Begierde des Fleisches hört nicht auf, auch wenn wir siegen. Die Begierde kommt immer wieder und muß jedesmal neu überwunden werden. Deswegen sagt Jesus: Wachet!

Dieser Kampf und dieser Sieg sind nicht verwickelt, es bedarf dazu keiner besonderen Gaben oder Kenntnisse. Er ist so einfach, daß auch die Toren nicht zu irren brauchen (Jes. 35,8). Den Weisen und Klugen ist es verborgen, aber den Unmündigen ist es offenbar (Matth. 11,25).

Je mehr der Gläubige seine Unmündigkeit und Torheit erkennt, desto sicherer und leichter wird er diesen Weg des Sieges gehen. Er ist von seinem Erlöser so abhängig geworden, daß er bei der geringsten Versuchung wieder zu ihm flieht.

Bevor ich diese Betrachtung abschließe, möchte ich noch eine Stunde der Versuchung nennen, die besonders ernst und folgenschwer ist. Das ist die Stunde der Erweckung. Auch diese enthält etwas Paradoxes, etwas Ärgerliches. Die Berufung, die Erweckung ist an eine bestimmte Stunde geknüpft. Unsere Vernunft fühlt sich veranlaßt, zu fragen: Warum ruft Gott einen Menschen zu einer besonderen Stunde und nicht zu jeder Zeit?

Ob du jemals Antwort auf diese Frage bekommst, weiß ich nicht. Aber Schrift und Erfahrung sagen, daß der Ruf an bestimmte Zeiten, ja verhältnismäßig kurze Zeiten im Leben eines Menschen gebunden ist: »Suchet den Herrn, solange er zu finden ist! Rufet ihn an, solange er nahe ist!« (Jes. 55,6).

Die heilige Stunde der Erweckung ist von Gott lange vorbereitet, ohne daß du es wußtest. Vorbereitet bis in die kleinste Einzelheit. Vorbereitet durch große und kleine Fügungen, die Gott dir geschickt hat. Nach dieser Vorbereitung erlebst du das Wunder an dir, das wir Erweckung nennen: Gott stellt dich vor sein heiliges Angesicht.

Aber gleichzeitig naht die Versuchung. Du fühlst dich Gott gegenüber unbehaglich und bist ängstlich und möchtest dich ihm am liebsten entziehen. Du meinst, es sei nicht so eilig, du willst zwar Christ werden, aber gerade jetzt paßt es dir schlecht. Später wird es dir leichter, eine so entscheidende Wahl zu treffen.

Das ist die Versuchung der Erweckten. Auch hier ist wieder die Hölle beteiligt. Warum liegt Satan so viel daran, daß der Erweckte die Entscheidung hinausschiebt? Möchte er diesen Menschen noch eine Zeitlang für sich haben? Ja, das auch. Satan braucht alle, die ihm dienen wollen, und er weiß, daß ein Mensch, solange er unbekehrt bleibt, Gottes Werk an sich und an anderen nur hindert.

Sein wichtigster Grund jedoch, die Erweckung hinauszuschieben, ist ein anderer. Satan weiß, was die Erweckung bedeutet und daß es nur wenige Zeiten im Leben eines Menschen gibt, in denen Gott ihn erwecken kann. Und er weiß weiter, daß mit dieser Erweckung eine übernatürliche Kraft verbunden ist, die es dem Erweckten möglich macht, mit seinem alten Leben zu brechen. Er weiß aber auch, daß diese Kraft wieder verschwindet, wenn der Erweckte sie nicht zu seiner Bekehrung benutzt. Sie läßt sich nicht lagern.

Deswegen rät der Herr den Erweckten: »So erwählt euch heute, wem ihr dienen wollt« (Jos. 24,15). »Heute, so ihr seine Stimme hören werdet, so verstockt eure Herzen nicht!« (Hebr. 3,15).

# Männliches Christentum

*»Wachet, steht im Glauben, seid männlich und seid stark.«*
*1. Kor. 16,13*

Wenn wir vom männlichen Christentum sprechen, hat das nichts mit dem Geschlechtsunterschied zu tun. Männliches Christentum gilt ebensogut für Frauen wie für Männer.

Der Ausdruck »männliches Christentum« ist übrigens im Grunde ein Pleonasmus, als würden wir sagen: ein alter Greis oder eine tote Leiche. Denn Christentum ist männlich, das Männlichste von der Welt. Es gibt genug unmännliches Christenleben, bei einzelnen und in kirchlichen Kreisen. Man begegnet oft einem sanften, weichlichen Christenleben anstatt eines starken und mutigen; Seufzen und Jammern und Klagen anstatt eines hellen und kecken Christentums. Man begegnet einem unnatürlichen und gekünstelten Christentum statt eines natürlichen und einfachen. Oder man trifft auf furchtsames, scheues, kriecherisches, anstatt auf gestähltes, willenbeherrschtes Christenleben.

Ich möchte ein paar Gründe nennen, die das gesamte unmännliche Christentum erklären, wenn auch nicht verteidigen.

Erstens: daß Ungewohnte. Von Natur ist uns Gott fremd, und wir sind nicht gewohnt, uns in seiner heiligen Umgebung zu bewegen. Darum fühlen wir uns unsicher und bewegen uns unbeholfen. Das gilt nicht nur für das innere Verhältnis der Seele zu Gott, sondern es prägt auch unser äußeres Auftreten, unsere Worte und sogar unseren Gesichtsausdruck. Auf keinem Gebiet im menschlichen Leben ist es so schwierig, natürlich zu sein, wie auf dem religiösen.

Auch das ist eine Folge des Sündenfalles.

Zweitens: viel von dem seufzenden, klagenden Gebaren stammt noch aus der Erweckungszeit. Damals war die Sorge natürlich.

Wenn man durch die Erleuchtung des Geistes seine Sünden so erkennt, daß es einem durch Mark und Bein geht, dann ist es nicht verwunderlich, wenn man seufzt und klagt.

Das ist wohl der Grund, warum man solche Menschen Kopfhänger nennt. Und ich will gern sagen: über solche Kopfhänger freue ich mich. Falsch ist es nur, wenn sich dieses Seufzen und Klagen einnistet und das reife Christenleben prägt.

Das Christentum macht den Menschen männlich. Das sehen wir am besten an Christus. Niemand war männlicher als er. Er war männlich gegenüber Freunden und Feinden, männlich in Schmerz und in Freude, männlich in Arbeit und in Muße, männlich im Leiden und männlich im Tode. Ich weiß nicht, was man am höchsten schätzen soll: seinen Wahrheitsmut, seinen Mut zur Tat, seinen Opfermut, seinen Leidensmut oder seinen Todesmut. Das ist harmonisch und natürlich wie alles bei ihm.

Wir sehen das gleiche, wenn auch in geringerem Maße, bei seinen großen Bekennern: Paulus, Augustin, Ansgar, dem Heiligen Olav, Martin Luther, Gustaf Adolf, Hans Nielsen Hauge, um nur einige von denen zu nennen, deren männliches Christentum weithin leuchtet.

Vom ersten Augenblick an macht das Christentum den Menschen männlich. Es gibt ihm die höchste und schönste Männlichkeit, nämlich den Mut, seine Sünden zu sehen und zu gestehen.

Erstens gibt das Christentum dem Menschen Mut, mit allen seinen Sünden zu Gott zu gehen und die große und demütigende Abrechnung auf sich zu nehmen. Dazu gehört Mut. Wie viele flüchten ihr ganzes Leben lang vor dieser Abrechnung!

Das Christentum gibt ferner Mut, sich auch *vor Menschen zu demütigen*. Hat man jemandem Unrecht getan, dann hat man den Mut, es zu gestehen und die Folgen auf sich zu nehmen. Ich hörte neulich von einem Neubekehrten, daß er zu Hause und in seinem Geschäft alle um Verzeihung bat. Zwar hatte er niemanden betrogen oder wissentlich Unrecht getan, aber er fühlte doch, daß er sich so gegen alle benommen hatte, daß er um Verzeihung bitten mußte.

Zweitens gibt das Christentum dem Menschen *Mut, mit der Sünde zu brechen.* Gehört dazu Mut? Jawohl, denn die Sünde ist uns allen lieb. Sie ist unser Leben. Wir erinnern uns an das Wort: Mit der Sünde brechen heißt das Auge ausreißen oder die Hand abhacken. Dazu bekommt ein Mensch Mut, wenn er sich Gott übergibt und Christ wird. Dann nimmt er den offenen Kampf mit seinen Sünden auf, koste es, was es wolle.

Drittens gibt das Christentum auch *Mut, seiner eigenen Überzeugung zu folgen* und mit alten Freunden zu brechen. Mit ihnen zu brechen bedeutet aber nicht, daß man aufhört, sie zu lieben. Im Gegenteil, man liebt sie so, daß man ihnen die Wahrheit sagen und sie bitten muß, mit dem weltlichen und sündigen Leben zu brechen.

Welch ein Mut gehört dazu! Wir sind ja alle feige und schämen uns, wahre und volle Christen zu sein.

Merkwürdig, daß sich niemand schämt, ein halber Christ zu sein. Mit halbem Christentum kann man überall verkehren, aber ganzes Christentum ist seit jeher verachtet und mehr oder weniger verfolgt worden.

Das ist auch eines von den Paradoxa des Christentums, eine seiner ärgerlichen Seiten. Darum gibt es so viele Menschen, die fest überzeugt sind, daß sie sich bekehren müssen, aber es nicht wagen. Aus Furcht vor dem Lächeln und dem Spott der anderen. Und dann speisen sie Gott und ihr eigenes Gewissen mit etwas Religiosität und einem ehrbaren Leben ab.

So merkwürdig es sich auch anhört, es hat von jeher Mut erfordert, sich auf Christi Seite zu stellen. Den meisten Menschen fehlt aber der Mut, in der Minderheit zu bleiben und gegen den Strom zu schwimmen.

Es gibt viele Christen, die männlich beginnen, aber nach und nach in unmännliches, weiches, feiges und verpfuschtes Wesen herabsinken. Ihr Christentum ist nur ein Schatten, eine Karikatur von dem, was es einmal war.

Ich will einige der wichtigsten Ursachen nennen, die zu dieser Entartung des Christenlebens führen, sowie einige der einfachsten Mittel, sie zu vermeiden.

Erstens: Wir versündigen uns oft im täglichen Leben aus Hitzigkeit, Verdrießlichkeit, Unwahrhaftigkeit oder Leichtsinn. Vater, Mutter, Geschwister, Kunden, Angestellte sehen es. Hier verlieren viele den Mut, sowohl Gott als auch den Menschen gegenüber. Man gibt zwar sein Christentum nicht auf, das vermag man nicht. Aber man fühlt sich geschlagen, unfroh und unmännlich und steht immer unter dem Druck des schlechten Gewissens.

Die Wunden der Seele wollen nicht heilen. Wohl bekennt man seine Sünden vor Gott und sucht die unruhige Seele mit Gottes Gnade zu trösten. Aber Friede und Freude wollen sich nicht wieder einstellen.

Das einfachste und beste Mittel gegen diesen Krebsschaden des Christenlebens ist: Sei männlich, d. h., bitte um Verzeihung! Und zwar diejenigen, die Zeugen deiner Versündigung waren. Bitte sie um Verzeihung, und sage ihnen, daß du dich nicht wie ein Christ benommen hast. Sage ihnen, daß es dir leid tut. Und du wirst merken, wie erlösend das wirkt.

Wenn es uns allen so schwer fällt, um Verzeihung zu bitten, so zeigt das, wie sehr wir in den Banden der Sünde sind und wie unmännlich sie uns gemacht hat. Wir glauben instinktiv, daß wir etwas Wesentliches verlieren, wenn wir unser Vergehen eingestehen und um Verzeihung bitten.

Aber in Wirklichkeit ist es gerade umgekehrt. Wir gewinnen dadurch nicht nur inneren Frieden und Freude, sondern auch die Achtung und das Vertrauen der anderen. Vor niemand habe ich größere Achtung und zu niemand größeres Vertrauen als zu denen, die den Mut haben, um Verzeihung zu bitten.

Bitte Gott täglich um diesen Mannesmut, und du wirst sehen,

wie du in deinem ganzen Christenleben Erfolg hast. Es steht nämlich geschrieben: »Gott gibt den Demütigen Gnade!« (Jak. 4,6).

Zweitens: Es gibt aber auch ein schwächliches Einzelgängerchristentum. Viele Christen leben redlich mit ihrem Gott, aber es fehlt ihnen der Mut, sich wirklich der Gemeinschaft der Heiligen anzuschließen. Sie sind zugeknöpft und so vorsichtig, weil sie sich hüten wollen, Dummheiten zu begehen. Zwar sind sie dabei, wenn sich die Gemeinde zu Gebet und Aussprache versammelt. Aber sie sind stumm, und sie wollen es auch sein. Sie sind jedoch voller Kritik an denen, die am Gebet und der Aussprache teilnehmen.

Selbst verhalten sie sich passiv, um der Kritik zu entgehen.

In der Regel haben sie nicht den Mut, dies zuzugeben, sondern entschuldigen und bemänteln es, so gut sie können. Häufig, indem sie geistliche Schamhaftigkeit vorschützen. Es widerstrebt ihnen, wie sie sagen, über heilige Dinge zu reden: nimmt man nicht seinen zartesten und heiligsten Erlebnissen das Schönste und Tiefste, wenn man sie neugierigen Blicken aussetzt?

Gewiß, wir treffen leider ab und zu auf ein solches unkeusches Christentum. Es hat Freude daran, das, was in die Gebetsstille oder in die persönliche Seelsorge gehört, vor aller Augen zu entblößen. Aber das darf uns nicht ins Gegenteil verfallen lassen. Eines ist ebenso sentimental wie das andere.

Seien wir uns darüber klar, daß wir im Leben mit Gott Erlebnisse haben können, für die gilt, was die Schrift und der Geist gebieten: »Sage es niemand!« (Mark. 1,44). Es sind Erlebnisse, die wir nur einem einzelnen oder einigen wenigen anvertrauen.

Aber seien wir uns ebenfalls darüber klar, daß unser Leben mit Gott auch eine ganze Reihe von Erlebnissen allgemeiner Art umfaßt, die man daher anderen nicht nur mitteilen kann, sondern auch soll. Wie geschrieben steht: »Gehe hin und verkünde, wie große Wohltat dir der Herr getan hat« (Mark. 5,19).

Die Gemeinschaft der Heiligen kann nicht gelebt und erlebt

werden, ohne daß die Heiligen sich einander mitteilen und sich über das Leben äußern, das ihnen gemeinsam ist. »Lasset das Wort Christi unter euch reichlich wohnen in aller Weisheit; lehret und ermahnet euch selbst mit Psalmen und Lobgesängen und geistlichen lieblichen Liedern, und singet dem Herrn in eurem Herzen« (Kol. 3,16).

Einige entschuldigen ihr Schweigen anders: sie hätten nichts zu geben und daher nichts zu sagen. Sie könnten nichts berichten von Gewißheit, Freude und Frieden und auch nichts von Siegen. Sollten sie etwas sagen, so könnten sie nur von Kämpfen, Niederlagen, ihrer Unruhe und ihrem Seufzen erzählen. Und das sei doch nichts zum Mitteilen. Ein christliches Zeugnis müsse von Sieg und Freude berichten können.

Da irrst du dich, mein Freund!

Ein Zeugnis muß in erster Linie wahr sein und danach von den großen Dingen reden, die der Herr getan hat.

Ist denn nicht deine Not, dein Kampf mit dir selbst und deiner Sünde ein Teil von dem Großen, was Gott an dir getan hat?

Sage ehrlich, wie es dir geht, und bitte die Gläubigen um ihre Hilfe. Das ist gut für dich und auch gut für die anderen. Aber hüte dich vor jedem falschen Ton in deinem Zeugnis!

Manche haben sich von ihrer Umgebung dazu verführen lassen, in ihrem Zeugnis Erlebnisse zu schildern, die nicht ihre eigenen waren.

Sei männlich, sagt der Apostel. Hüten wir uns vor Sentimentaliät und Übertreibung, und versuchen wir das, was uns am Herzen liegt, einfach und schlicht zu sagen.

In manchen Kreisen hat man die starken Worte der christlichen Verkündigung mißbraucht. Dadurch hat die religiöse Sprache ihren ursprünglichen Wert verloren. Wir müssen unermüdlich darauf bedacht sein, den christlichen Worten und Wendungen wieder ihren alten Wert zu verschaffen. Das bedeutet gleich viel für die, die predigen, wie für die, die hören.

Schließlich entschuldigen manche ihre stille Passivität damit, daß sie erst einmal soviel wie möglich in sich aufnehmen wollen, um dann vielleicht etwas geben zu können.

Nun ja, es ist ja niemand gezwungen, Zeugnis abzulegen, und ich fühle mich oft gedrungen, zu protestieren gegen die Forderung in manchen Kreisen an jedermann, aufzustehen und Zeugnis abzulegen. Nein, wo Gottes Geist ist, da ist Freiheit, sagt der Apostel.

Ich kenne Gläubige, denen es unmöglich ist, aufzustehen und etwas zu sagen, selbst in einer kleinen Versammlung von Gläubigen, die aber im Zwiegespräch zu Bekehrten und Unbekehrten von ihrem Erlöser sprechen. Und ich kenne wieder andere, die den Drang und den Mut haben, in einer Versammlung Zeugnis zu geben, die aber im Zwiegespräch weder Drang noch Mut dazu haben. Es betrübt mich stets, wenn ich in einer Zeugnisversammlung hören muß, wie der Leiter junge Menschen zu Zeugnissen zwingt, ohne danach zu fragen, ob sie innerlich dazu bereit sind.

Das ist nicht nur unwürdig, sondern auch gefährlich. Wir wollen jeden Zwang vermeiden und die Zeugnisversammlungen durch schlichtes Gebet vorbereiten. Dann werden die Zeugnisse frei und natürlich kommen.

Demjenigen, dem es schwerer fällt, an Zeugnisversammlungen teilzunehmen, möchte ich sagen: es kommt auch hier wie überall auf deine Gesinnung und deinen Willen an. Willst du zu der heiligen Gemeinde gehören und geben, was du kannst, findet sich auch ein Weg, es zu tun, sei es durch Gebet, ein Schriftwort, einen Psalm, einen Gesang oder irgendeinen anderen Dienst.

Ich will dir auch noch mehr sagen. Es kostet immer etwas, aktiv mitzuarbeiten. Du mußt von deinem Eigenleben etwas opfern. Es ist leichter, ungefährlicher und bequemer, das anderen zu überlassen. Deshalb macht der alte Adam immer Einwendungen, wenn du irgendetwas in der Versammlung leisten sollst. Aber halte dich nicht abseits, folge der stillen Mahnung des Geistes! Der Erfolg wird ein männliches, freies, unerschrockenes Christentum sein, das für deine Umgebung zum Segen wird, mehr, als du selbst weißt.

Drittens: Eine andere Ursache zu unmännlichem Christentum liegt darin, daß man nach und nach vor der Forderung zurückweicht.

Es hatte so gut angefangen, Gott hatte das alte, selbstische Ich übermannt, man hatte sich ihm bedingungslos übergeben, und das Herz war erfüllt von der Liebe Christi. Ohne Rücksicht auf seinen alten Adam gab man sich selbst, seine Zeit, seine Kraft, sein Geld. Ein männliches Leben tagaus, tagein, drinnen und draußen! Eine unerschrockene Nachfolge Christi ohne Feilschen. Aber dann trat eine Veränderung ein. Während einer Zeit, in der man geistlich müde war, vielleicht als Folge von geistlicher Unterernährung, fing man an, der Stimme des Versuchers zu lauschen: schone dich!

Und dann entdeckte man stichhaltige Gründe, größere Rücksicht auf sich selbst zu nehmen. Und mehr gehört nicht dazu, um nach und nach vorsichtig und berechnend mit seiner eigenen Person zu werden. Man achtet auf die eigene Bequemlichkeit, den eigenen Nutzen und Vorteil. Auch jetzt will man Christ sein und selbstverständlich auch etwas für Gott und die Menschen tun. Aber immer so, daß man zuerst Rücksicht auf sich selbst nimmt. Hat man erst einmal angefangen, Rücksicht auf sich selbst zu nehmen, dann bekommt man ständig mehr und mehr Bedürfnisse und wird weniger bereit, an Zeit, an Kraft und Geld zu opfern. So entsteht ein verweichlichtes, verzärteltes Christentum, dem wir oft begegnen, ein passives, opferloses Christentum, das der Seele weder Freude noch Leid bereitet, ein laues Christentum, das der Herr ausspeit aus seinem Munde.

Willst du meinen Rat gegen dieses unmännliche Christentum hören? Gehe in Dienst und Opfer hinein. Aber laß dich nicht vom alten Adam versuchen, etwas Großartiges herauszufinden, damit die Welt deinen Opferwillen bewundern soll. Hüte dich vor Eitelkeit! Sei männlich, und nimm die kleinen unscheinbaren Opfer auf dich! Zuerst und zuletzt zu Hause. Tue jeden Tag etwas, was man nicht von dir erwartet. Du wirst ein überraschtes und glückliches Lächeln bei den Deinen hervorrufen. Das wird deinem alten Adam täglich einen entscheidenden Stoß geben. Zugleich wirst du die Freude am Dienst und am Opfer kennenlernen, die dein Herz mit Frieden und Glück erfüllen wird. Nicht, daß du dir durch Opfer und Dienst Gnade erwirbst, nein, aber sobald du aufhörst, dem Geist Gottes zu widerstreben, wird er dich mit seinem Frieden erfüllen.

Viele junge Menschen haben ihren Körper in jeder Art von Sport geübt und abgehärtet. Willst du auch deine Seele üben und abhärten? Derselbe Apostel, der sagt: Sei männlich! sagt auch: Übe dich in der Furcht Gottes! Und Jesus sagt es noch deutlicher: »Laßt euer Licht leuchten vor den Menschen, daß sie eure guten Taten sehen und euren Vater im Himmel preisen« (Matth. 5,16).

Die Jugend, die ihre Seele gegen Verweichlichung und Bequemlichkeit durch täglich entsagenden Dienst abhärtet, wird nicht nur zu einem männlichen Christentum gelangen, sondern sie wird gleichzeitig entdecken, daß die einfachste Möglichkeit, Gewohnheitssünden zu bekämpfen, darin besteht, dienende Liebe zu üben. Als wirkungsvolles Mittel gegen alle Art von Unkraut spritzen wir Gift auf unsere Gartenwege. Praktisch ausgeübte Liebe ist das sicherste Gift gegen Gewohnheitssünden.

Unmännlichkeit offenbart sich besonders in Tagen des Mißgeschicks. Da jammern wir und sind gedrückt und möchten alles aufgeben. Aber gerade hier sollten wir unsere Probe bestehen. Hier sollte unser Charakter gestählt und gefestigt werden. Hier sollten unser Glaube und unsere Gottesfurcht begründet werden.

Sieh zuerst auf zu Gott, der dir die Schwierigkeiten schickt. Das wird dir helfen und dich innerlich lösen, obschon die Schwierigkeiten bleiben, ja, zunehmen. Doch du wirst sehen, daß der Herr stets mehr gibt, als er nimmt.

In Glückstagen ist es leicht, an Gott zu glauben. Alles, was er tut, sieht freundlich und einleuchtend aus, und es ist keine Kunst, ihm für seine Segnungen zu danken. Erst in den Tagen des Mißgeschicks zeigt sich, was Wahrheit und was sentimentale Phrasen in diesem unserem Dank waren. Wenn Gott unsere liebsten Pläne und Handlungen auf eine uns ganz unverständliche Art durchkreuzt, erweist es sich, ob es Gott oder ob es das Glück war, worauf wir unser Vertrauen setzten.

Auch ein männlicher Christ kennt den Schmerz im Unglück und im Leid. Er scheut sich nicht, Gott zu sagen, wie schwer er beides empfindet. Aber er möchte gerade von dieser Empfindlichkeit und dem Unwillen gegen das Leid befreit werden. Zunächst bittet er um Verzeihung wegen des Mißtrauens, das er gegen Gott und seine Fügung hegt. Dann bittet er darum, Gott möge ihn lehren zu leiden, möge ihn stark und männlich im Leid machen.

Es gibt viele solcher männlichen Christen unter uns. Gott sei Dank! Manche liegen übrigens zu Bett, jahraus, jahrein. Unglück und Leid verhalfen ihnen zu einem Christentum, das auf ihre ganze Umgebung ausstrahlt. Eine Seelengröße und Glaubensstärke, die demütigend und verlockend auf alles opferlose, leidensscheue, empfindliche Christentum wirken.

# Das Ärgernis des Kreuzes

Der Apostel Paulus ist der erste, der vom Ärgernis des Kreuzes gesprochen hat: »Denn das Wort vom Kreuz ist eine Torheit denen, die verloren werden, aber uns, die wir selig werden, ist's eine Gotteskraft. Wir aber predigen den gekreuzigten Christus, den Juden ein Ärgernis und den Griechen eine Torheit« (1. Kor. 1,18.23).

Aber der Apostel Petrus war wohl der erste, der das Ärgernis kennenlernte: »Von der Zeit an begann Jesus seinen Jüngern zu zeigen, wie er müßte hin gen Jerusalem gehen und viel leiden von den Ältesten und Hohenpriestern und Schriftgelehrten und getötet werden und am dritten Tage auferstehen. Und Petrus nahm ihn zu sich, fuhr ihn an und sprach: Herr, schone deiner selbst, das widerfahre dir nur nicht! Aber er wandte sich um und sprach zu Petrus: Hebe dich, Satan, von mir! Du bist mir ärgerlich; denn du meinst nicht, was göttlich, sondern was menschlich ist« (Matth. 6,21–23).

Dieses Ärgernis des Petrus ist so typisch, daß wir gleich seine charakteristischen Züge notieren wollen.

### *Erstens: Es war so wohlgemeint*

Petrus war sich sofort darüber klar, daß das Wort von Jesu Leiden und Tod für seine Messiasstellung unglücklich und schädlich sein würde. Einem leidenden Messias würde das Volk niemals glauben. Ein zum Tode verurteilter und hingerichteter Messias war selbst für Petrus ein Widerspruch. Denn der Verbrechertod wäre ja ein Gottesurteil über ihn, ein unumstößlicher Beweis, daß er von Gott verworfen und verflucht wäre.

Nun möchte Petrus die Situation für Jesus retten. Er glaubt, wie es Jesu Mutter und Brüder früher auch geglaubt haben (Mark.

3,21), daß Jesus einen Augenblick von Sinnen sei. Er will seinem Meister wieder zurechthelfen, so schonend wie möglich. Darum nimmt er ihn beiseite, damit die anderen nicht Zeugen der Zurechtweisung seien.

### *Zweitens ist das Ärgernis so überzeugend*

Bei Petrus besteht kein Zweifel darüber, daß Jesus im Irrtum ist. Jesus versteht in diesem Augenblick nicht, wie der Messias sein soll. Aber Petrus versteht es. Und nach dem, was kurz vorher geschehen war (Vs. 16–19), war er dazu ausersehen, die Zurechtweisung vorzunehmen.

### *Drittens ist das Ärgernis so selbstsicher und laut*

Diese Rede vom Leiden und Tod hat bei Petrus keine Frage und keinen Zweifel ausgelöst. Das wäre doch natürlich, weil der Gedanke an einen leidenden Messias dem Petrus und seinen jüdischen Zeitgenossen ganz fremd war. Wir hätten erwarten können, daß Petrus nachdenklich und bescheiden etwa so gefragt hätte: Du bist der Messias und weißt darum, wie der Messias leben, leiden und sterben soll. Aber wir verstehen nicht, wie sich Leiden und Tod damit vereinbaren läßt, der Messias zu sein, Gottes auserwählter Sohn. Du hast so viele Geheimnisse von Gottes Reich erklärt, willst du nicht auch dieses erklären? Nein, Petrus wollte nicht belehrt werden. Im Gegenteil, er fühlte sich berufen, seinen hohen Meister zu belehren!

Auch Jesu Stellung zum Ärgernis ist bezeichnend. Wir hätten erwartet, daß er Rücksicht auf Petrus' wohlgemeinte Entgegnung genommen hätte. Selbst wenn er von der Wahrheit nicht abgehen konnte, hätte man doch annehmen können, daß er auf das Unvermögen seiner Jünger, an ihn, den Messias, und an die Propheten zu glauben, Rücksicht genommen hätte. Er hatte ja sonst Rücksicht auf ihren schwachen Glauben und manche andere Schwäche genommen. Aber hier tritt er scharf und bestimmt auf. Zunächst gibt er keine Erklärung und macht keinen Versuch, ihnen aus ihren Schwierigkeiten zu helfen. Das Rätsel dieses Ärgernisses läßt er bestehen.

Warum? Dieses Rätsel ist unlösbar. Das Ärgernis des Kreuzes kann nicht beseitigt werden.

Das Kreuz ist eine Wirklichkeit, die wirklichste Wirklichkeit der Welt. Aber gleichzeitig auch die unbegreiflichste Wirklichkeit. Darum macht Christus auch keinen Versuch, das Kreuz zu erklären oder seine Richtigkeit zu beweisen. Er läßt sich als Messias ans Kreuz nageln und sagt nur: »Selig ist, der sich nicht an mir ärgert« (Matth. 11,6).

Jesus unterläßt nicht nur jede Erklärung des Kreuzes, sondern er weist Petrus so scharf wie nie zuvor zurück. In Petrus' wohlgemeintem Ärger hört Jesus nur Satans Stimme und ruft: Weiche von mir, Satan!

Der Unwille des natürlichen Menschen gegen das Kreuz ist satanischen Ursprungs und satanischer Art. Dies ist das Wichtigste, was wir hier über das Ärgernis des Kreuzes zu hören bekommen.

### *Versuche, das Ärgernis des Kreuzes zu umgehen*

Ehe Christi Kreuz errichtet war, taten Satan und seine Handlanger alles, um das Leiden und den Kreuzestod des Messias zu verhindern. Aber sobald das Kreuz Wirklichkeit war, setzte eine ebenso zielbewußte Arbeit ein, um es auszulöschen und das Ärgernis am Kreuz zu beseitigen – eine energische, scharfsinnige und anhaltende Arbeit.

Seit den Tagen der Apostel bis auf den heutigen Tag hat der natürliche Mensch ständig daran gearbeitet, das Kreuz im Christentum zu verhüllen oder besser noch, es zu entfernen. Und das treibende Motiv zu dieser imponierenden Arbeit ist das Ärgernis am Kreuz.

Es scheint, als ob das intellektuelle Ärgernis am Kreuz in der ältesten Zeit weniger empfunden wurde. Viel stärker wurde das moralische Ärgernis empfunden. Man konnte keine Beziehung finden zwischen dem Kreuz und der Sünde. Das Urteil des Kreuzes über den gefallenen Menschen war zu hart. Der Mensch war wohl sündig, aber nicht böse, darum nicht hilflos.

Schon in den Tagen des Paulus begegnen wir diesem Ärgernis. Die Forderung der Judenchristen nach Beschneidung der Heidenchristen war, sagt Paulus, ein versteckter Versuch, das Kreuz vom Evangelium zu entfernen. Paulus verkündete, daß der sündige Mensch Gottes Wohlgefallen durch den Glauben an das Kreuz Christi bekomme. Die Judenchristen lehrten, Gottes Wohlgefallen könne nicht ohne Erfüllung des Gesetzes, d. h. nicht ohne gute Werke erworben werden.

Und so verbittert waren die Juden über das Wort vom Kreuz, daß sie Paulus von Stadt zu Stadt verfolgten und alle möglichen bösen Gerüchte über seine Person und sein Evangelium verbreiteten. Unter anderem behaupteten sie, das Evangelium vom Kreuz sei unmoralisch und stehe im Widerspruch zu der Offenbarung Gottes im Alten Bund. In der Tat: der gekreuzigte Christus war den Juden ein Ärgernis.

Und das Urteil des Kreuzes über die guten Werke des Menschen, das war das Ärgernis der Judaisten. Damit haben sie das Problem gestellt, mit dem sich die katholische Kirche durch alle Jahrhunderte bis auf den heutigen Tag beschäftigt hat.

Die Religion der Katholiken schwingt wie die der Judaisten um das Gesetz und die guten Werke. Aber im Unterschied zu den Judaisten erkennen sie das Evangelium des Paulus vom Kreuze an, jedenfalls formell.

Das hat dem Katholizismus sehr große Schwierigkeiten bereitet, denn Christi Kreuz und die verdienstlichen Werke des Menschen sind ebenso unvereinbar wie Feuer und Wasser. Und doch hat die katholische Kirche die verzweifeltsten theologischen Anstrengungen gemacht, um diese beiden verschiedenartigen Größen zusammenzuschweißen.

Das große Meisterstück der katholischen Theologie bestand darin, das Kreuz so zu verbergen, daß es das Verdienst, wodurch sich der einzelne Gottes Wohlgefallen und die ewige Seligkeit erwirbt, nicht stört. Und das Sakrament ist nun das Universalmittel, womit die katholische Kirche Glauben und gute Werke, Gnade und Verdienst zusammenschweißt.

Die katholische Kirche verkündet Christus, ja sogar Christi Opfer für unsere Sünden. Aber der Mittelpunkt in ihrer Verkündigung ist nicht der Christus am Kreuz, sondern der Christus im Sakrament, im Meßopfer, der unblutigen Wiederholung von Christi blutigem Tod am Kreuz. Hier ist das Ärgernis des Kreuzes beseitigt durch einen Meisterschnitt!

Denn das Urteil des Kreuzes über den natürlichen Menschen ist damit aufgehoben. Und heidnische Magie und Mysterienreligion ist damit an die Stelle des Kreuzes getreten. Die Vereinigung des Sünders mit dem Gekreuzigten im Sakrament dient nämlich nicht zur unverdienten Vergebung der Sünde, auch nicht zum Einflößen einer neuen sittlichen Gesinnung, sondern vielmehr dazu, den guten Werken des Sünders einen Wert als Verdienst zu verleihen, wodurch er sich die Vergebung seiner Sünde erwerben kann. Das ist das katholische Ärgernis am Kreuz bis auf den heutigen Tag.

Innerhalb des Protestantismus hat das intellektuelle Ärgernis am Kreuz im Vordergrund gestanden, selbst wenn auch hier das moralische Ärgernis zugrunde liegt.

Zur gleichen Zeit, als Luther das Kreuz wieder in den Mittelpunkt des paradoxen Evangeliums von Gottes paradoxer Erlösung setzte, begann eine planmäßige Arbeit, um das Kreuz im Christentum zu verstecken oder besser noch, es zu entfernen.

Wir können diese Arbeit bis zur Reformationszeit zurückverfolgen. Augenscheinlich begann sie in Italien, in Kreisen, die stark von der Renaissance beeinflußt waren. Über die Schweiz können wir sie weiter verfolgen bis zu den Sozianern, den Deisten, zur Aufklärung, dem Rationalismus und den Philosophen wie Kant, Fichte, Schelling, Hegel, Schopenhauer und Eucken in unserer Zeit.

Die genannten Bewegungen und Personen haben sich zwar in vielen Fragen sehr voneinander unterschieden, aber in einem Punkte standen sie zusammen wie ein Mann: in ihrem Kampf gegen das Kreuz. Von den verschiedensten Gesichtspunkten her und mit den verschiedensten Mitteln, wissenschaftlichen und unwissenschaftlichen, haben sie zu beweisen versucht, daß das Kreuz nicht nur überflüssig ist, sondern ein Fremdkörper innerhalb des Christentums.

Wenden wir uns nun der Theologie zu, begegnen wir einer noch größeren Arbeit. Ja, wie hat die Theologie am Kreuz gearbeitet! Wir könnten fast fragen: Hat sie im Grunde an etwas anderem gearbeitet? Denn ob sie sich nun mit der Dreieinigkeitslehre oder Christologie oder den Sakramenten beschäftigt hat, immer war es das Kreuz, das auf der Tagesordnung stand; denn das Kreuz erscheint in allen Bezirken des Glaubens und ist überall das Entscheidende.

Seit Luthers Tagen hat es auf protestantischer Seite immer eine Gruppe von Theologen gegeben, die dem Kreuz seinen ihm zukommenden Platz innerhalb des Glaubens und der Verkündigung gaben. Das Ärgernis des Kreuzes schreckte sie nicht, im Gegenteil, sie unterstrichen es gerade, weil sie aus der Bibel und ihren Erfahrungen gelernt hatten, daß nur das ungekürzte Wort vom Kreuz einen Menschen niederwerfen und aufrichten kann.

Aber die allermeisten Theologen und theologischen Werke, besonders in den letzten 200 Jahren, waren immer bemüht, das

Kreuz in den Hintergrund zu rücken oder gar, es zu entfernen. Was sie dazu bewog, war das Ärgernis am Kreuz. Wir finden die gleichen Züge wieder wie bei Petrus.

Das Ärgernis war wohlgemeint, überzeugt und laut. Wie Petrus seinen Meister aus einer schwierigen Lage retten wollte, so wollen diese Theologen das Christentum retten. Sie merken, daß es in Gefahr ist. Die Menschen glauben nicht daran, sondern sie verachten und verfolgen es. Es ist in schlechten Ruf gekommen. Und man ist überzeugt, daß das Kreuz daran schuld ist. Deshalb will man den Kreuz-Gedanken aus dem Christentum entfernen. Dann würde das Christentum nicht das Volk, und das Volk nicht das Christentum verlieren. Dann würde der moderne Mensch das Christentum nicht nur als seine Religion anerkennen, sondern als die Religion schlechthin.

Diese wohlgemeinte Rettungsarbeit hat man zu verschiedenen Zeiten unterschiedlich vorgenommen, mehr oder weniger geschickt.

Der Rationalismus machte es am derbsten. Er schnitt einfach das Kreuz samt allen anderen Wundern weg.

Die Tübinger Schule tat es zwar auch durch Amputation, aber nicht ganz so ungeschickt. Sie war der Ansicht, Paulus habe das Kreuz ins Christentum eingeführt. Deswegen verlangte sie, die christliche Kirche sollte die Kreuztheologie des Paulus aufgeben und zu Jesu einfacher Religion zurückkehren, in der kein Platz für das Kreuz war, weil Jesus Gottes Vaterliebe verkündigte, die ohne Opfer, ohne Sühne und daher auch ohne Kreuz vergab.

Die spätere liberale Theologie hat eingesehen, daß ein solcher Gegensatz zwischen Christus und Paulus unhaltbar ist. Sie versteht, daß sowohl bei Christus wie bei Paulus das Kreuz im Mittelpunkt steht, daß es insofern zum ursprüglichen Christentum gehörte. Aber trotzdem ist sie überzeugt, daß es nicht zum eigentlichen Christentum gehört, nicht zum Wesen des Christentums. Es sei nur der Versuch der Antike, das Christentum zu denken.

Deshalb war das Kreuz in der antiken Zeit ein wertvoller, ja unentbehrlicher Bestandteil der christlichen Verkündigung. Ohne Kreuz ließ sich das Wesen des Christentums nicht begreifen. Aber jetzt ist dieses gedankliche Gewand veraltet, es ist ein Hindernis, ja, vielleicht das schwerste Hindernis für den modernen Menschen geworden, das Christentum zu bejahen. Darum ist es jetzt nach Ansicht der liberalen Theologie die wichtigste Aufgabe der Kirche, den Glauben von diesem alten Gewand zu befreien und dem modernen Menschen ein Christentum zu bieten, das mit dem Denken der Zeit übereinstimmt, mit dem Weltbild des modernen Menschen, seinem Wirklichkeitssinn und seinem fortgeschrittenen moralischen und religiösen Bewußtsein.

In allen protestantischen Kreisen wetteifern hervorragende Männer, dem Christentum und dem modernen Menschen das Ärgernis des Kreuzes zu nehmen. Und hier, wie in der katholischen Kirche, bemüht man sich, dies so vorsichtig und schmerzlos wie möglich zu tun.

Man ist in der Chirurgie nicht so brutal, wie die alten Rationalisten es waren. Darum sagt man jetzt nicht mehr, daß man das Kreuz verwirft. Im Gegenteil! Genau wie in der katholischen Kirche gibt man ihm einen sehr ehrenvollen Platz. Man predigt über das Kreuz und stellt eine Menge theologischer Theorien darüber auf. Man entwickelt die tiefsinnigsten Gedanken über seine Notwendigkeit. Und versteht man sich besonders gut aufs Wortemachen, dann spricht man sogar von Sühne und stellvertretendem Leiden.

Was man mit alledem erreichen will und erreicht hat, ist das Eine: Das Ärgernis am Kreuz zu beseitigen.

Das Kreuz bedeutet für den natürlichen Menschen, für seine Religion, seine Moral und sein Denken kein Ärgernis mehr, wenn ihm mit Hilfe der Analogie ein Platz zwischen den anderen Kreuzen hier in der Welt zugewiesen wird. Natürlich als das höchste und bedeutendste von allen, aber doch nur als eines von ihnen.

Dann wäre es nicht Gott, der das Kreuz errichtet und der gottfeindlichen Menscheit diese paradoxe Erlösung geschaffen hat. Sondern das Menschengeschlecht selbst ist durch seine edelsten Vertreter, vor allem durch seinen ausersehenen Führer Jesus Christus, zu der vollen Einsicht in Gottes hingebende Liebe gelangt und hat durch den Tod Jesu am Kreuze Gott vor aller Welt enthüllt und offenbart.

Dann ist das Kreuz nicht mehr das zerschmetternde und vernichtende Urteil über das Geschlecht, sondern seine größte Tat. Dann ist in Wahrheit das Ärgernis entfernt.

## *Der Mensch als Gottes Verteidiger?*

Wenn wir uns nun einen Augenblick zu dem, was man Apologie nennt, wenden, dann tritt das Selbstsichere und Selbstbewußte dem Ärgernis gegenüber noch deutlicher hervor.

Vor etwa 200 Jahren schrieb Leibniz eine Theodizee, d. h. eine Verteidigung Gottes. Es war etwas naiv von dem großen Denker, sein Werk so zu nennen. Denn muß man nicht lächeln, wenn man hört, daß ein Mensch sich hinstellt, Gott zu verteidigen?

Schon der Gedanke, Gott bedürfe einer Verteidigung, ist typisch für den selbstsicheren Menschen, der wie Petrus in seiner wohlgemeinten Naivität eingreift, um sich der Sache des Herrn anzunehmen. Leibniz war einfältig und nannte sein Werk eine Verteidigung Gottes.

Viele Apologeten in alter und neuer Zeit haben das gleiche getan, haben ebenfalls die Verteidigung Gottes übernommen, wenn sie auch klug genug waren, es nicht eine Theodizee zu nennen.

Was ist die moderne Apologie anderes als ein wohlgemeinter Versuch, Gott den modernen Menschen gegenüber zu verteidigen und zu entschuldigen? Man verbeugt sich tief vor dem modernen Menschen und sagt etwa folgendes: »Im Anfang war der Herr nicht so ganz glücklich mit dem Christentum. Aber, bitte, seid freundlich und nehmt ihm das nicht übel. Sowohl Jesus wie Paulus haben Fehler gemacht, und zwar in den entscheidenden Punkten, als sie das Evangelium verkündigten. Und wir begreifen völlig, daß ihr modernen Menschen euch mit der veralteten Form der Religion nicht zurechtfinden könnt. Aber jetzt verkünden wir euch eine große Freude: Nachdem die christliche Kirche neunzehnhundert Jahre in unkritischem Glauben an ein veraltetes Evangelium gelebt hat, hat Gott in letzter Zeit das Glück gehabt, moderne Theologen zu finden, die genau festgestellt haben, wie viele Fehler Jesus und Paulus in ihrer Verkündigung des Christentums begangen haben. Aber wir können euch versichern, daß Gott nicht noch einmal einem solchen Unfall ausgesetzt werden wird. Jetzt bekommt ihr das wahre und echte Christentum. Jeder von euch kann es übrigens selbst prüfen. Wir haben uns mit Gott darüber geeinigt, daß sich im Christentum nichts mehr finden darf, was der moderne Mensch aus seinem eigenen Innern nicht als Wahrheit anerkennen kann.«

Man könnte versucht sein zu fragen: Warum wird diese Arbeit immer fortgesetzt? Warum wird man damit nicht fertig? Wenn man so gründlich und vielseitig die Überflüssigkeit des Kreuzes nachgewiesen hat, wie es die letzte Theologengeneration getan hat, warum fährt man dann fort, unaufhörlich das Kreuz zu bekämpfen?

Im Grunde ist es nicht so merkwürdig. Das Kreuz Christi ist nämlich eine Wirklichkeit, und wirklich nicht nur wie irgendeine andere Wirklichkeit, z. B. Cäsars Tod oder die Schlacht bei Aktium. Nein, das Kreuz ist die wirklichste Wirklichkeit der Welt. Das heißt, daß das Kreuz der Mittelpunkt der Wirklichkeit der ganzen Welt ist. Das Zentrum, um das sich alle Wirklichkeit dreht. Darum werden die Menschen mit dem Kreuz nicht fertig. Ob sie wollen oder nicht, ob sie das Kreuz lieben oder hassen, sie sind gezwungen, sich mit ihm zu beschäftigen.

Alle Tatsachen sprechen eine eigene, mächtige Sprache. Die Sprache des Kreuzes ist die mächtigste Sprache aller Tatsachen.

*Was sagt das Kreuz Christi?*

Ich meine nicht, was die Menschen über das Kreuz sagen, sondern was das Kreuz über die Menschen sagt. Das Kreuz Christi ist Gottes kategorisches Urteil über die Menschen.

So sahen die Apostel das Kreuz, und so verkündigten sie es. Die Menschen waren völlig außerstande, Verbindung mit Gott zu bekommen. Sie hatten wohl Moral und Religion, aber sie waren ohne Gott (Eph. 2,12). Und sie brauchten ihre Moral und Religion, um sich Gott vom Leibe zu halten. Es gibt keinen Weg vom Menschen zu Gott, sagt die Schrift in jedem Kapitel.

Deshalb mußte Gott zum Menschen herabsteigen, Mensch werden. So beurteilt Gott die Sünde des Menschen und seine Verlorenheit. Die Sünde des Menschen ist so unbegreiflich groß, daß Gott uns nur dadurch retten kann, daß er Mensch wird. Er muß für uns sterben. Einen unbegreiflichen, schrecklichen Tod. In paradoxer Qual der Gottverlassenheit. Mit großem Geschrei und mit Tränen bettelt der Sohn, er möge von dem Leiden verschont werden. Aber der Vater kann seine Bitte nicht erfüllen. Soll das Menschengeschlecht gerettet werden, kann ihm kein einziges Leiden erspart bleiben.

Und was tun die Menschen? Sie morden ihren eigenen Erlöser. Damit haben sie selbst Gottes Urteil über sich unterschrieben. Trotz aller ihrer Moral und Religion sind sie Gott gegenüber so feindlich, daß sie kaltblütig seinen Sohn töten, während dieser im Begriffe ist, sie zu retten. Und das Schlimmste ist, daß es das religiöseste Volk der Welt ist, das im Namen des Menschengeschlechtes seinen Erlöser ans Kreuz schlägt. Das Volk, das sogar von Gott

Jahrhunderte hindurch in wunderbarer Weise dazu erzogen worden war, den Messias zu empfangen.

Christi Kreuz spricht auch eine mächtige Sprache von Gott. Vor allem von seiner Liebe. Von dem Mysterium seiner Liebe, daß er nicht nur Mensch wird, für uns leidet und stirbt, sondern daß er den paradoxen Tod leidet, die Angst der Gottverlassenheit. Und das für seine Feinde!

Aber das Kreuz spricht auch vom Zorn Gottes, seinem zerschmetternden Eifer gegen alle Sünde, und davon, daß er den Sünder in seine Gemeinschaft nicht aufnehmen kann ohne Sühne. Die zornige Liebe, der liebende Zorn, der vergeben will, aber nicht kann, und darum die Strafe für den Schuldigen übernimmt und für ihn den Sühnetod stirbt.

Ist es verwunderlich, daß man sich mit einem solchen Ärgernis immer wieder beschäftigt und nicht damit fertig wird? Nein, viel merkwürdiger ist, daß das Kreuz in allen diesen neunzehnhundert Jahren wirklich verkündigt worden ist! Zumal, wenn wir daran denken, wie das Kreuz in all dieser Zeit verfolgt worden ist, und wie man sowohl auf katholischer wie auf protestantischer Seite verstanden hat, es zu verhüllen und zu verbergen. Wahrlich, das ist auch ein Mysterium des Kreuzes, daß es immer dem Christentum folgt, so sehr man sich auch bemüht, es davon zu trennen. Man kann es verbergen, so sehr man will, es wird doch immer wieder hervorgeholt.

Der Katholizismus hatte es gut verborgen. Und im Anfang des 16. Jahrhunderts glaubten nur wenige, es würde wieder ans Tageslicht kommen. Aber Luther stellte es wieder an seinen Platz. Weder Kaiser noch Papst konnten es hindern. Und das Kreuz bewies seine alte Kraft.

Später kam die Orthodoxie und umgab das Kreuz mit so viel lebensfremder Sophisterei, daß es für den einfachen Mann schwierig war, es noch zu erkennen. Aber dann zerriß der Pietismus das Menschenwerk und richtete das Kreuz wieder auf zu Gericht und

Erlösung. Und es wuchs geistiges Leben für ganz Europa daraus.

Dann legte der Rationalismus seine würgende Hand an die Kirchen und stieß das Kreuz mit harter Hand beiseite. Eine Zeitlang sah es aus, als sei die Welt für immer mit dem Kreuz fertig. Jedoch nun kam zu Beginn des vorigen Jahrhunderts in allen protestantischen Ländern die Erweckung. Sie fegte den Rationalismus hinweg und stellte das Kreuz wieder an seinen Platz. Christliches Leben und christliche Arbeit entstanden, wie es nicht mehr der Fall gewesen war seit den Tagen der Apostel.

Das Kreuz ist das Lebenszentrum des Christentums. Wie das Herz nicht aus unserem Leibe geschnitten werden kann, ohne daß wir sterben, ebenso wenig kann das Kreuz aus dem christlichen Leben entfernt werden, ohne seinen Tod hervorzurufen.

Aber es ist unbegreiflich.

Darum haftet ihm etwas Aufreizendes und Irritierendes an. Ja, es ist so ärgerlich, daß es nur einige wenige Menschen gibt, die sich nicht davon abschrecken lassen, sondern sich im Gegenteil daran klammern. Das sind die Sünder und Zöllner, sagt die Bibel. »Es nahten aber zu ihm allerlei Zöllner und Sünder, daß sie ihn hörten. Und die Pharisäer und Schriftgelehrten murrten und sprachen: dieser nimmt die Sünder an und ißt mit ihnen« (Luk. 15,1–2).

Als Petrus zu des Herrn Füßen im Schiff lag (Luk. 5,1–11), fühlte er keinerlei Bedürfnis, seinen Herrn zu belehren. Er fühlte sich vielmehr so voller Sünde, daß er den Herrn bat, von ihm zu gehen, obgleich er nichts inniger wünschte, als daß der Herr bei ihm bliebe. Ebenso erging es der Sünderin in Simons Haus. Wortlos beugte sie sich nieder, weinte, daß die Tränen über Jesu Füße rannen, und trocknete sie mit ihrem Haar. Sie wünschte nur eins: dort zu sein, wo er war. Denn sie konnte nicht ohne ihn leben.

So ist es zu allen Zeiten gewesen. Alle ärgerten sich über das Kreuz, abgesehen von denen, die sich von ihrer Sünde überzeugen ließen. Als sie im Lichte des Wortes Gottes die Wirklichkeit ihrer Sünde erkannten, schreckten sie nicht länger vor der Wirklichkeit des Kreuzes zurück. Sie verstanden das Kreuz nicht, es war und blieb ihnen ein Rätsel.

Aber sie verstanden den Gekreuzigten: niemals war es ihnen so leicht, an die Vergebung zu glauben, wie beim Anblick des Kreuzes, wenn sie ihren Erlöser sahen, der sein Leben freiwillig als Lösegeld für sie gegeben hatte.

## *Das Kreuz – Gottes größtes Wunder*

Die Bibel sagt nicht viel zur Erklärung des Kreuzes. Und was gesagt wird, dient nicht dazu, das Rätsel zu lösen, sondern den Juden und Heiden zu zeigen, daß das Kreuz nicht nur im Einklang mit früheren Offenbarungen Gottes steht, sondern daß es Abschluß und Vollendung ist (Röm. 3,21–26).

Aber gerade diese biblische Aussage über das Kreuz gibt den hilflosen Sündern Trost und Frieden. Nicht die Erklärung des Kreuzes ist entscheidend, sondern seine Tatsache. Denn der Mensch kann nur getröstet und ihm kann nur geholfen werden, wenn er Gott begegnet und vor seinem Angesicht lebt. Weder Erklärungen noch Betrachtungen können uns helfen, sondern nur Gott selbst, indem wir ihm begegnen und mit ihm leben.

Aber nun kann kein Sünder Gott begegnen, ohne zu sterben: 2. Mos. 19,21; 2. Mos. 20,19; 2. Mos. 24,10–11; Richter 6,22–23. Nur auf Grund der Sühne kann Gott den Sündern begegnen, ohne daß es ihr Tod wird: 2. Mos. 24,8–11. Im Alten Bund war die Sühne nur ein Bild, ein Schatten des Kreuzes, das Gottes eigentliche Sühne ist. Darum können wir sagen: Das Kreuz ist der einzige Punkt im Dasein, wo der Sünder Gott begegnen kann, ohne zu sterben, ohne daß ihn Gottes Heiligkeit tötet.

Darum können wir sagen, daß das Kreuz Gottes größtes Wunder ist, größer noch als seine Menschwerdung. Denn durch seine Menschwerdung wird Gott eins mit dem sündlosen Menschen.

Aber durch seinen Kreuzestod hat er den Weg gebahnt, dem sündigen Menschen zu begegnen und mit ihm eins zu werden.

Wie Gottes ganze Offenbarung an das Wort geknüpft ist, so auch das Kreuz. Nur durch das Wort vom Kreuz können wir dem Kreuz begegenen. Deshalb sagt der Apostel auch, daß das Wort vom Kreuz eine Kraft Gottes ist.

Aber gleichzeitig macht der Apostel ausdrücklich darauf aufmerksam, daß er vom Kreuz rede, »nicht mit klugen Worten, auf daß nicht das Kreuz Christi zunichte werde« (1. Kor. 1,17). Damit wollte er sicher sagen, daß er Christi Kreuz nicht erklärt, nicht verteidigt und nicht begründet, sondern es nur verkündigt. Denn er fährt fort: »Als ich zu euch kam, Brüder, kam ich nicht mit hohen Worten oder hoher Weisheit. Denn ich hielt mich nicht dafür, daß ich etwas wüßte unter euch, ohne allein Jesum Christum, den Gekreuzigten . . . Und mein Wort und meine Predigt war nicht in vernünftigen Reden menschlicher Weisheit, sondern in Beweisung des Geistes und der Kraft, auf daß euer Glaube bestehe nicht auf Menschenweisheit, sondern auf Gottes Kraft« (1. Kor. 2,1–5).

Es erscheint uns oft so, als erlange der Sünder Frieden und Gewißheit erst dann, wenn er sich über die Bedeutung des Kreuzes klar ist, erst wenn er mit seinen Gedanken die Berechtigung des Kreuzes erkennt. Das geschieht aber nicht auf dem Wege des Denkens, sondern des Erlebnisses. Man erlangt Frieden und Gewißheit nicht dadurch, daß man die göttliche Logik des Kreuzes durchschaut, sondern allein durch Begegnung mit dem Kreuz, indem man es erlebt. Und es ist der Geist Gottes, der für dieses Erlebnis sorgt. Aber er tut es nicht unmittelbar, sondern immer durch das Wort. Zu seiner Stunde und auf seine Weise.

Meistens geschieht es plötzlich, aber es kann auch langsam und nach und nach geschehen. In der Regel benutzt der Geist Gottes ein Wort oder einen Gedanken aus der Bibel, entweder aus dem Neuen oder aus dem Alten Testament. Er kann sich auch der erbauenden Worte eines gewöhnlichen Menschen bedienen, mündlicher oder schriftlicher Verkündigung.

Aber wie es auch geschieht, es bleibt ein Wunder. Durch das äußere Mittel des Wortes stellt uns der Geist unmittelbar vor das Kreuz. Nicht in Ekstase oder Verzückung, sondern mit vollem Bewußtsein. Aber nicht wir bringen das Erlebnis hervor, sondern wir nehmen es entgegen und in uns auf.

Durch dieses Erlebnis begegnet man der wirklichsten Wirklichkeit der Welt: dem gekreuzigten Erlöser. Man braucht ihm nur zu begegnen, dann geschieht das Wunder. Furcht, Angst, Zweifel und Ungewißheit verschwinden, die Seele wird erfüllt mit unsäglichem Frieden, und eine unerklärliche Gewißheit löst die Unruhe und Ungewißheit ab. Der Apostel drückt es so aus: »Derselbe Geist gibt Zeugnis unserem Geist, daß wir Gottes Kinder sind« (Röm. 8,16).

Sollte ein Christ für dieses Zeugnis des Geistes Rede stehen müssen, würde er sehr in Verlegenheit kommen. Jawohl, die Gewißheit hat er, sie trägt sein ganzes tägliches Leben. Sollte er sie aber logisch erklären wollen, würde eine ziemlich gebrechliche Logik dabei herauskommen. Das ergibt sich einfach daraus, daß diese Gewißheit nicht auf Logik beruht, sondern auf einem Erlebnis. Nicht darauf, daß er jederzeit die Schriftworte nennen kann, auf die sich seine Kindschaft gründet, sondern darauf, daß ihm der Geist Christus wirklich und gegenwärtig macht. Das geschieht durch ein Wort, aber es braucht nicht immer eins zu sein, an das er sich erinnert. Denn das Wort ist in ihm eingepflanzt (Jak. 1,21), es ist lebendige Wirklichkeit in ihm, ob er schläft oder wacht, daran denkt oder nicht.

Das Unbegreiflichste an dieser Gewißheit ist, daß sie mit den täglichen Fehlern, Versäumnissen und Vergehen des Gläubigen vereinbar ist. Denn je mehr der Gläubige von der Gnade Gottes in Christus überzeugt ist, um so empfindlicher wird sein Gewissen, und um so deutlicher wird er seine innere und äußere Sünde merken. Wie kann er dann die Gewißheit behalten? Das beruht auf der Kraft und auf dem Rätsel des Kreuzes. Im Kreuz liegt nicht nur seine Begnadigung, sondern auch sein Urteil.

Das Kreuz ist das Urteil über den ganzen Menschen. Das Kreuz ist der Beweis dafür, daß kein Mensch etwas zu seiner Erlösung tun kann. Gott übernimmt sie von Anfang bis Ende. Der Mensch hat mit dieser Sache nicht mehr zu tun als dies, daß er unablässig entscheiden muß, ob er sich erlösen lassen will oder ob er sich der Erlösung verschließen will, die Gott ihm anbietet, ausführt und vollendet.

Hier stoßen wir wieder auf das Rätsel des Kreuzes:

Es ist also das Verhalten des Sünders zu dem Kreuz, das seine Erlösung entscheidet. Und das besagt, daß es nicht seine moralische oder religiöse Beschaffenheit oder seine Anstrengung ist, auf die es ankommt. Gottes Vergebung und sein Wohlwollen beruhen weder auf der Erweckung des Sünders noch auf seiner Bekehrung noch auf seinem Glauben oder heiligem Leben, sondern einzig und allein auf dem Kreuz.

Allerdings kann kein Mensch ohne Bekehrung, Glauben und heiliges Leben erlöst werden. Aber das sind keine Vorbedingungen dafür, daß ihn Gott liebt. Nein, im Gegenteil, seine Bekehrung und sein Glauben und sein heiliges Leben sind die Folgen davon, daß Gott ihn liebt und durch das Kreuz die Möglichkeit geschaffen hat, ihn in sein Herz zu schließen.

Das meint Paulus mit dem merkwürdigen Wort: »So ist nun nichts Verdammliches an denen, die in Christo Jesu sind« (Röm. 8,1). »In Christus« ist der Ausruck des Apostels für dieses Verhältnis zum Gekreuzigten, zum Kreuz. Und nun sagt er hier, daß die Verdammung oder Begnadigung des Sünders ausschließlich von seinem Verhältnis zum Gekreuzigten abhängig ist.

Welch ärgerliches Rätsel für den natürlichen Menschen!

Was der Gläubige an guten Werken tut, trägt nichts zu seiner Begnadigung bei Gott bei. Und: was er an Sünde tut, kann ihn nicht verdammen, solange er »in Christus« ist. Solange er »in Christus« ist, gehört er den seligen Menschen an, »denen der Herr die Missetaten nicht zurechnet« (Ps. 32,2).

Paulus drückt das so aus: »Dem aber, der nicht mit Werken umgeht, glaubt aber an den, der die Gottlosen gerecht macht, dem wird sein Glaube gerechnet zur Gerechtigkeit« (Röm. 4,5).

Hier sehen wir wohl in die tiefste Tiefe der Gnade hinein.

Der Sünder wird von Gott geliebt und in die Gemeinschaft mit ihm aufgenommen, ohne daß eine Veränderung in seiner sündigen Beschaffenheit vorgegangen ist. Der einzige Grund dafür, daß der Sünder geliebt wird, ist Gottes Liebe, die sich durch die Versöhnung am Kreuz selbst den Weg zu ihren Feinden bahnt. Nachdem die Sühne vollbracht ist, bekommt der Sünder Anteil an Gottes Vergebung, einzig und allein, weil er dem sündigen Geschlecht angehört, für das Christus gesühnt hat. Und die Vergebung wird ihm nicht einmal zuteil, weil er sie gesucht hat. Denn wenn der Sünder anfängt, Gott zu suchen, dann hat Gott ihn nicht nur gesucht, sondern bereits gefunden.

Das verkündet das Kreuz dem Sünder, sobald der Geist Gottes durch das Wort das Kreuz beleuchtet hat. Darum bleibt dem Sünder Gewißheit und Friede trotz seiner täglichen Versäumnisse und Versündigungen und trotz der Erkenntnisse seines bösen Herzens. Aber diese Gewißheit beruht ganz auf dem Kreuz. »Er ist unser Friede«, sagt der Apostel (Eph. 2,14). Wendet sich das Auge weg vom Kreuz und dem Gekreuzigten, gleitet es in die Welt oder in die eigene Sünde und Schwäche ab, dann ist der Friede entschwunden.

Darum ist und bleibt diese Gewißheit eine Glaubensgewißheit. Sie ist eigentlich nichts anderes als der unbedingte Glaube an den Gekreuzigten. Der Glaube, der nichts anderes wissen will als Jesus Christus, den Gekreuzigten.

Hier bekommen wir auch Antwort auf die oft gestellte Frage: Wie kann ich wissen, daß ich »in Christus« bin? In Christus sein ist dasselbe wie im Glauben sein. Und im Glauben sein heißt: ein hilfloser Sünder sein, der nicht wagt, Gott mit seinem eigenen Leben zu begegnen, sondern allein mit Christi Leben und Tod. An den Gekreuzigten glauben besagt, daß ich vor Gott nichts sein will ohne das, was ich in Christus bin. Wenn man mich anklagt, daß ich nicht Gott liebe, sondern mich selbst, daß ich über meine Sünden nicht bekümmert bin, sondern kalt und hart bin, daß ich mich nicht für Gott opfere, sondern der Welt zugewandt lebe, dann beuge ich mich und sage: Das ist wahr. Und ich wäre verloren, wenn ich nur mein eigenes Leben hätte. Aber Christus ist mein Leben!

### *Die Verkündigung vom Kreuz*

Dies beleuchtet auch unsere Verkündigung vom Kreuz.

Wir haben gesehen, daß die Tatsache des Kreuzes und nicht seine Erklärung die Erlösung des Sünders ist. Darum sollen wir uns in unserer Verkündigung nicht so sehr darum bemühen, das Kreuz und die Versöhnung für die suchenden und umhertappenden Seelen begreiflich zu machen. Wir erreichen damit nur, daß wir ihnen das Kreuz verdunkeln.

Gott wacht über das Kreuz.

Er schützt es mehr als alles andere. Und was er verhindern muß, ist dies, daß wir Menschen es verkleinern oder verdunkeln. Der Apostel Paulus hatte ein tiefes Verständnis dafür. Mit vollem Bewußtsein unterließ er es, das Evanglium zu verkünden »mit klugen Worten, auf daß nicht das Kreuz Christi zunichte werde«, »auf daß euer Glaube bestehe nicht auf Menschenweisheit, sondern auf Gottes Kraft« (1. Kor. 1,17; 1. Kor. 2,5).

Soweit wir verstehen, hat er auf zwei Dinge besonderen Wert gelegt. Einmal, den Gekreuzigten zu verkündigen und nichts anderes zu wollen (1. Kor. 2,2). Das zweite ist die Mitwirkung des Geistes bei der Christusverkündigung. Paulus' einziger Wunsch war es, den Gekreuzigten »in Beweisung des Geistes und der Kraft« zu verkündigen (1. Kor. 2,4).

Und wieviel dem Apostel daran gelegen ist, können wir daran erkenen, daß er sagt, der Geist gebe ihm sogar die Worte, die er sagen solle: »Welches wir auch reden, nicht mit Worten, die menschliche Weisheit lehren kann, sondern mit Worten, die der Heilige Geist lehrt, und richten geistliche Sachen geistlich« (1. Kor. 2,13).

Hier haben wir dann die Richtlinien für unsere Christusverkündigung.

Wir sollen das Evangelium verkündigen, das Evangelium vom Kreuz. Wir sollen die Tatsache des Kreuzes verkündigen. Einfach und deutlich und so ausführlich, wie es die Schrift zuläßt.

Wir sollen das ganze Kreuz verkündigen, beides, das Urteil und die Gnade des Kreuzes. Meistens verkündigen wir die Gnade und versäumen, das Urteil zu verkündigen. Dadurch wird das Ganze einseitig. Denn die Gnade des Kreuzes kann niemals voll zur Geltung kommen, ohne daß das Urteil des Kreuzes den Hintergrund bildet. Und dieses Urteil wirkt sich niemals vernichtender aus, als wenn es von dem Gott der Gnade gefällt wird. Und so soll es das dringende Gebet unseres Herzens sein, daß die Kraft des Geistes unsere schwache Verkündigung begleitet, damit die Zuhörer Gottes Kraft erkennen können. Die Kraft dessen, der tötet und lebendig macht, der vernichtet und aufrichtet.

Auch uns gilt das Versprechen, daß der Geist uns eingeben wird, was wir reden sollen, sogar die Worte. Das soll unser Trost sein. Allerdings ein Trost, mit dem nur der Glaube getröstet werden kann.

Diese Eingebung des Geistes soll uns nicht hindern, uns vorzubereiten. Wir sollen uns vorbereiten, nicht nur durch anhaltendes Gebet, sondern auch durch Forschen in der Schrift und dadurch, daß wir unsere Gedanken ordnen. Auch durch Schreiben können wir uns vorbereiten. Denn der Apostel war überzeugt, Gedanken und Worte vom Heiligen Geist zu bekommen, auch wenn er schrieb. Es ist unsere Abhängigkeit vom Geist, auf die es ankommt, ob wir schreiben oder nicht.

# Aus Gnade

*»Guter Meister! Was soll ich tun, daß ich das ewige Leben ererbe?«* *(Mark. 10,17)*

Diese Frage ist so alt wie die Menschheit. Sie liegt in allen Religionen verborgen.

Der junge Mann, der zu Jesus kam, war nur einer von den vielen, für die die Religion ernst wurde. Seitdem sind immer wieder junge Menschen in der gleichen Lage gewesen. Auch in unseren Tagen. Viele denkende, grübelnde, suchende, betende, sehnsüchtige Menschen.

Zuerst suchten sie das Leben; jetzt suchen sie, wie jener junge Mann, das ewige Leben, das nicht ihr Untergang, ihr Tod ist. Das Leben, das nicht das Teuerste und Zarteste in ihrer Seele, Schuldbewußtsein und Verantwortungsgefühl, vernichtet.

Der junge Mann fragte Jesus: Was soll ich tun, um zu erben? Diese Frage klingt für unsere Ohren etwas merkwürdig. Aber sie beruht auf dem damaligen religiösen Sprachgebrauch. Nach alttestamentlicher Art spricht man davon, ein Land zu erben (Ps. 37,11), die Erde zu erben (Matth. 5,5), das Reich zu erben (Matth. 25,34), das Reich Gottes zu erben.

Der Gedanke war der, daß den Vätern die Erlösung von Gott geschenkt war und der einzelne Israelit durch seine körperliche und geistige Verwandtschaft mit den Vätern an der Erlösung teilhatte. Die Frage des jungen Mannes bedeutete darum ungefähr: Was soll ich tun, um hoffen zu können, daß ich mit in das Reich kommen werde, das Gott meinen Vätern versprochen hat?

Uns erscheint dieser Ausdruck verwunderlich. Aber gerade so, wie er lautet, ist er ausgezeichnet. Denn er drückt die Ansicht des natürlichen Menschen in diesem Punkt aus: Was soll ich tun? Der natürliche Mench sieht nicht, daß das Entscheidende in dieser Sache das ist, was Gott getan hat und tut.

Auch die Form der Frage ist ausgezeichnet, denn es kann eine gute christliche Antwort darauf gegeben werden. Die Frage lautet: Was soll ich tun, um das ewige Leben zu erben? Die Antwort: Du sollst das Erbe entgegennehmen.

Schon bei irdischer Erbschaft ist es so. Der Erbe tut nichts anderes, als das Erbe entgegenzunehmen. Ja, der Erbe wird sogar gesucht, wie wir alle schon in Zeitungen gelesen haben. Er braucht sich nur zu melden, um das Erbe anzutreten. Ebenso geht es in Gottes Reich vor sich. Auch dieses wird durch Erbe übernommen. Der Erbe braucht es nur entgegenzunehmen. Ja, auch in Gottes Reich ist es so, daß der Erbe gesucht wird.

Es gehört zu den tiefsten Mysterien des Lebens, daß beides, Fall und Erlösung, Sünde und Gnade, durch Erbe übernommen wird. Wir sprechen ja von Erbsünde und Erbschuld.

Das hängt damit zusammen, daß Gott uns als Geschlecht geschaffen hat. Dieses Geschlecht wurde schon in der ersten Generation sündig. Der erste Adam sündigte im Namen des ganzen Geschlechts und drückte dem ganzen Geschlecht sein sündiges Wesen auf: »Was vom Fleisch geboren wird, das ist Fleisch« (Joh. 3,6). Kein Mensch aus Adams Geschlecht kann geboren werden, ohne Adams sündige Art zu erben. Also wird jeder Mensch, der geboren wird, Sünder durch Erbe.

Aber ebenso wird auch die Gnade durch Erbe gewonnen. Christus wird in der Schrift als der andere Adam bezeichnet. Das bedeutet, daß er Stammvater für das neue Geschlecht ist, genau wie der alte Adam der Stammvater für das alte, sündige Geschlecht war.

Der zweite Adam nimmt auch eine stellvertretende Stellung im Geschlecht ein. Da der erste Adam fiel, so fiel das ganze Geschlecht mit ihm. Da der zweite Adam sein sündenloses Leben lebte und den sühnenden Opfertod starb, sühnte das Geschlecht in ihm für seine Schuld. In seinem zweiten Adam findet das Geschlecht den Ausgleich mit Gott für den Fall des ersten Adam: »So einer für alle gestorben ist, so sind sie alle gestorben« (2. Kor. 5,14).

Von nun ab sind es zwei Erbschaften, die sich geltend machen. Wie kein Mensch geboren werden kann, ohne in das Geschlecht geboren zu werden, das durch den ersten Adam schuldig wurde, so kann auch kein Mensch geboren werden, ohne in das Geschlecht geboren zu werden, für das der neue Adam gesühnt hat. Darin besteht Gottes neuer Bund mit dem Geschlecht, daß er sich verpflichtet, allen Gliedern des Geschlechts Anteil zu geben an der Versöhnung, die aller Eigentum ist, weil Christus der Repräsentant und Stellvertreter für das ganze Geschlecht ist.

Sieh: hier ist das Erbe! Alles Erbe ist unverdient. Es ist das Verdienst anderer, das ich im Erbe übernehme. So auch im Geistigen. Ich selbst habe die Erlösung nicht verdient. Ich wurde erlöst, nur weil ich dem Geschlecht angehöre, das von Gott einen Stellvertreter bekam, der an meiner Stelle mit Gott wegen meiner Sünden abrechnete.

### *Die Gnade ist frei*

Sie ist für alle. »Gott will, daß allen Menschen geholfen werde und sie zur Erkenntnis der Wahrheit kommen« (1. Tim. 2,4). »Er ist die Versöhnung für unsere Sünden; nicht allein aber für unsere, sondern auch für die ganze Welt« (1. Joh. 2,2). Hier ist kein Unterschied. Alle haben gesündigt. Aber für alle hat Christus gesühnt. Keine Sünde ist so klein, daß sie nicht der Sühne bedürfe. Und keine Sünde ist so groß, daß sie nicht gesühnt werden könnte. »Das Blut Jesu Christi, seines Sohnes, macht uns rein von aller Sünde« (1. Joh. 1,7).

Im Grunde gibt es nur eine Sünde, die nicht vergeben werden kann. Aber das ist nur die, die wir nicht bekennen wollen.

Die Gnade ist frei. Damit wollen wir weiter sagen, daß sie umsonst ist. Wir brauchen nicht dafür zu bezahlen: »Wohlan, alle, die ihr durstig seid, kommet her zum Wasser! Und die ihr nicht Geld habt, kommt her, kaufet und esset, kommt her und kauft ohne Geld und umsonst beides, Wein und Milch!« (Jes. 55,1). Das will besagen: Wir brauchen uns um unsere Erlösung nicht verdient zu machen. Wenn Gott uns unsere Sünden vergibt, geschieht es unverdient, ohne daß wir etwas dazu getan haben. Weder unsere Bekehrung, unsere Reue, unser Gebet, unser Glaube, noch irgend etwas anderes bewegt Gott dazu, uns zu lieben und uns zu vergeben. Ohne es persönlich erworben oder verdient zu haben, haben wir durch Erbschaft an der Erlösung teil. Nur deshalb, weil wir in einem Geschlecht geboren sind, das Christus, dem Stellvertreter, dem Versöhner, angehört.

Die Gnade ist frei. Darin liegt noch mehr, ja viel mehr. Nicht nur, daß alle sie suchen und umsonst bekommen können. Freie Gnade heißt, daß die Gnade uns sucht, uns aufspürt, uns nachgeht.

Ab und zu sagt man, die Gnade sei frei wie die Luft. Ein guter Vergleich. Die Luft ist umsonst, dafür bezahlen wir nichts, während alle anderen Lebensnotwendigkeiten etwas kosten. Sogar Wasser müssen wir bezahlen. Aber die Luft ist frei. Und es ist genügend vorhanden, überall.

Genauso ist es mit der Gnade. Gott versöhnte nicht nur die Welt mit sich selbst, sondern er hat auch seiner Gemeinde das *Wort von der Versöhnung* geschenkt. »So sind wir nun Botschafter an Christi Statt und bitten: Lasset euch versöhnen mit Gott« (2. Kor. 5,18–20). Hier sehen wir, wie Gott seine unversöhnlichen Widersacher behandelt.

Erst sühnt er unsere Schuld, dann sucht er uns einzeln auf, um uns die Nachricht von der vollbrachten Versöhnung zu bringen. Das Kostbarste und Geheimnisvollste an der Gnade ist ja, daß sie nicht nur umsonst ist, sondern daß sie den Sünder sucht, ehe er überhaupt daran denkt.

Aber die meisten Menschen wollen nicht von Jesus gesucht werden, weil sie dann unter seinen Augen leben müßten und der beständigen Kontrolle durch ihr Gewissen ausgesetzt wären. Darum flieht man, sobald man erwachsen genug ist, eigene Entscheidungen zu treffen, seinen Kinderglauben und seinen Kindergott und nach Möglichkeit alle ernsthaften Gedanken über sein Leben. Man verachtet das Erbe und verkauft es wie Esau für irgendein schmackhaftes Gericht.

*Die Gnade der Erweckung*

Aber man erlebt die Überraschung, daß die Gnade dem Flüchtenden nachjagt und ihn aufspürt. Auf allen seinen krummen Wegen. Nicht nur in den stillen Stunden, wenn der Lärm des Tages abgestellt ist. Nicht nur in Unglück und Sorge und Krankheit. Mitten in der Lust und dem Spiel der Sünde kann die Gnade sich melden und die Sünde bitter und herb und unheimlich machen.

Hier rühren wir an die Gnade der Erweckung.

Die Erweckung kommt zu uns, ohne daß wir darum bitten, ohne daß wir etwas dafür tun, erweckt zu werden. Das einzige, was wir tun, ist, uns dagegen stemmen und sie hindern, solange wir können und es vermögen.

Aber erweckt werden wir einzig und allein um Christi willen, weil wir dem Geschlecht angehören, für das Christus Stellvertreter ist. Gott ruft und bietet das Erbe jedem einzelnen Glied des Geschlechtes wieder und wieder an, auch wenn der Sünder das Erbe verachtet und davor flüchtet. Gott gibt diese Arbeit nicht auf, solange nicht der Sünder seine Seele völlig verschlossen hat und Gott kein Mittel mehr hat, sein Gewissen durch den Ruf des Evangeliums zu erreichen. Dann erst geht dieser Mensch verloren.

Gott bittet also keinen Menschen um Erlaubnis, ihn zu erwekken. Indessen darf man das nicht mißverstehen, als zwinge Gott die Menschen zur Umkehr. Nein, er will keine gezwungenen Diener, weder im Himmel noch auf Erden. Aber er hat sich in seiner Gnade das Recht vorbehalten, jeden Menschen, ehe er ewig verlorengeht, aufzuwecken aus seinem Sündenschlaf und ihm sein Erbe vorzulegen, damit er in Freiheit entscheiden kann, ob er es annehmen und sich erlösen lassen oder ob er sich wegwenden und in die ewige Finsternis gehen will.

Der Mensch kann also Gott nicht daran hindern, ihn aufzuwekken.

Die Erweckung ist sozusagen ein Teil des Erbes, der auf jeden Menschen zukommt und Stellungnahme fordert. Auf jeden, denn er ist geboren in dem sündigen Geschlecht, für das Jesus gesühnt hat. Darum bekommt er sein Erbe von Gott selbst angeboten. Das tut Gott in der Erweckung.

### *Die Gnade der Bekehrung*

Aber Erweckung ist nicht dasselbe wie Bekehrung. Es gibt erweckte Menschen, die sich nicht bekehren. Die Erweckung konnten sie nicht umgehen, dafür sorgte Gott. Aber sie können der Bekehrung entgehen. Denn Gott zwingt das Erbe keinem Menschen auf. Er legt es vor und bietet es nur an.

Was ist Bekehrung, und wie geht sie vor sich? Das wird uns am klarsten, wenn wir sie im Lichte des Erben sehen.

Die Bekehrung ist oft mißverstanden und mißdeutet worden. Alle Mißdeutungen beruhen darauf, daß man sie nicht im Licht der Gnade gesehen hat, im Lichte von Christi stellvertretender Sühne. Irgendwie hat man sie als eine Leistung aufgefaßt, die von menschlicher Seite getätigt werden muß, bevor Gott den Menschen erlösen kann. Entweder so, daß sich der Mensch durch Willensbeschluß von seiner alten Sünde losreißt, oder daß Reue und Sorge über seine Sünden die neue Gesinnung hervorbringen, die die Bedingung dafür ist, daß Gott ihm vergeben und ihn zu seinem Kind machen kann.

Dem Sünder ist das eine ebenso unmöglich wie das andere, denn er ist ja der Sünde Knecht (Joh. 8,34). Und die Knechtschaft besteht darin, daß er die Sünde will, auch wenn er die Folgen fürchtet und deshalb die Sünden, die die gefährlichsten Folgen haben, zu umgehen versucht.

Diese Ansicht von der Bekehrung läßt sich nicht mit der Schilderung der Bibel von des Menschen völliger Verlorenheit in sich selbst vereinen. Könnte der Mensch durch Willensbeschluß sein sündiges Leben aufgeben und könnte er durch Reue und Sorge erreichen, die Sünde zu hassen, dann würde er nicht aus Gnade, sondern aus menschlichem Verdienst erlöst.

Nein, die Bekehrung geht ganz anders vor sich. Mit der Erwekkung hat Gott den Sünder durch ein Wunder vor sein Angesicht gestellt. In diesem himmlischen Licht sieht er nun seine Sünde in ganz neuer Beleuchtung. Zuerst sieht er seine alten Sünden, große und kleine. Dann sieht er seine inneren Sünden in Fantasie, Begehren und Gedanken. Danach erkennt er die Sünde selbst, daß er sie will und nicht nur zufällig tut. Endlich begreift er, daß er trotz aller seiner Anstrengungen seinen sündigen Sinn nicht ändern kann. Nun erst ist er reif zur Bekehrung.

Die Bekehrung ist eine Wahl. Aber die Wahl besteht nicht darin, daß er sich durch Willensentschluß vom alten Sündenleben freimachen und durch Reue erreichen kann, die Sünde zu hassen. Nein, die Wahl gilt dem Erbe. Die Erweckung hat ihn nicht nur das Erbe erkennen lassen, sondern auch, daß er es *nötig* braucht. Das einzige, was er nun entscheiden kann, ist: Will er das Erbe oder will er es nicht. In der Bibel ist dies so ausgedrückt: »Siehe, ich stehe vor der Tür und klopfe an. So jemand meine Stimme hören wird und die Tür auftut, zu dem werde ich eingehen« (Offb. 3,20).

Jesus ist es, der anklopft. Der Sünder kann nur eins von beiden: Sein Herz öffnen oder verschließen. Was den Sünder erlöst und verändert, ist also nicht die Wahl, nicht Beten, nicht Glaube. Seine Rettung ist, daß Jesus mit seiner Gnade und seinen Gaben zu ihm eingeht. Aber er muß die Einwilligung und Zustimmung des Sünders haben, denn er zwingt ihn nicht.

Es verhält sich genau so wie bei einem todkranken Patienten. Wird er nicht sofort operiert, ist er die Beute des Todes. Der Arzt ist zur Stelle, und alles ist fertig zur Operation. Er wartet nur auf die Zustimmung des Patienten, der zunächst zögert, dann aber den Chirurgen bittet, anzufangen. Und er wird vom Tode gerettet.

Was hat ihn gerettet? Ganz einfach: Er wurde gerettet, weil er durch seinen Entschluß dem Arzt Zugang verschafft hat, daß er die Operation vornehmen konnte. Ich möchte dem Bild noch mehr entnehmen: Es ist nicht die Kraft in der Einwilligung des Patienten, auf die es ankommt. Seine Rettung ist gewiß, sobald der Arzt den Wink bekommt, den er braucht, um mit der Operation anfangen zu können.

Hier, mein erweckter Freund, hast du anschaulich die Wahl der Bekehrung vor Augen geführt bekommen. Wie der Patient die Krankheit nicht aus seinen Gliedern schneiden kann, vermagst auch du nicht, die Sünde aus deiner Seele zu schneiden. Gibst du aber Jesus Zugang, dann geht er ein und nimmt die Operation vor. Merke dir: Nicht die Intensität deines Willens, nicht die Innerlichkeit oder Heftigkeit deines Gebets überreden Jesus, einzugehen und die Operation an dir vorzunehmen.

Nein, er tut es nicht deinetwegen, sondern seinetwegen. Er hat nicht nur ein für allemal deine Sünden gesühnt, sondern er hat sich auch vorgenommen, jedes einzelne Glied des Geschlechts, für das er Stellvertreter war, persönlich in sein Erbe einzusetzen. Er will hinein, und er geht zu dir ein mit dem Erbe, sobald du deinen Widerstand aufgibst und ihm Zugang gewährst.

Nicht du bewegst durch deine Bekehrung Jesus, zu kommen und

dich zu begnadigen. Jesus ist es, der dich durch die Erweckung zur Bekehrung bewegt hat und dazu, die Tür aufzutun, damit er in dir den guten Dienst fortsetzen kann, den er bis jetzt außerhalb der Tür deines Herzens tun mußte.

### *Gnade und Gewißheit*

Viele haben sich zur Bekehrung entschlossen. Sie haben aufrichtig mit Gott abgerechnet und wollen nichts verbergen und keine Sünde behalten. Von ihnen kann man sagen, daß sie im Licht wandeln.

Aber viele von diesen gehen in großer Unklarheit und Ungewißheit. Friede und Freude wollen sich nicht einstellen. Und der Grund ist ganz einfach: Sie können nicht glauben.

Wohl sind sie ab und zu froh und glücklich und fühlen sich überzeugt, daß sie Gottes Kinder sind. Aber das ist sehr selten. Die Zweifel kommen mit erneuter Stärke wieder. Alles bei ihnen ist verworren und unklar. Sie können keine dauernde Gewißheit über ihren Gnadenstand erlangen. Und das Schlimmste: es muß etwas falsch bei ihnen sein. Denn es geht ihnen nicht so, wie es in der Verkündigung heißt, daß sie Gewißheit, Frieden und Freude bekommen, wenn sie sich Gott ganz ergeben. Oft wissen sie keinen Rat mehr, wie sie ihren Kampf fortsetzen sollen.

Ich glaube, wir Verkündiger tragen einen wesentlichen Teil Schuld an dieser Unklarheit. Wir vergessen oft, daß Gottes Erlösung darin besteht, zu töten und lebendig zu machen (5. Mos. 32,39; Röm. 7,10–13). Wir vergessen, daß er tötet, ehe er lebendig macht.

Von Natur neigen wir alle zur Ungeduld. Zumal heute, da wir gewöhnt sind, daß alles schnell geht. Die Erlösung soll folglich auch schnell gehen. Wir haben keine Zeit, auf Gottes tötenden Dienst an dem Sünder zu warten; wir wollen sofort sehen, daß er ihn lebendig macht.

Infolgedessen stehen wir auch hilflos diesen neubekehrten Menschen gegenüber, die nicht zu Gewißheit und Frieden kommen können. Manche behandeln sie hart und sagen: hättest du dich völlig Gott übergeben, dann würdest du Gewißheit haben. Hast du sie nicht, dann beweist es, daß deine Übergabe nicht völlig war. Andere wieder, die nicht so hartherzig sind, fühlen sich diesen Leuten gegenüber unsicher, denn sie passen nicht in ihr Schema, und sie wissen nicht, welchen Rat sie ihnen geben sollen.

Dieser Mangel bei den Verkündigern bringt den Erweckten unnötige Kämpfe und Leiden. Sie müssen unter dieser oberflächlichen Seelsorge leiden.

Soweit ich die Kirchengeschichte kenne, steht unsere Zeit verhältnismäßig allein mit diesem Mißgriff. Frühere Zeiten hatten in diesem Punkt einen tieferen Einblick in das Seelenleben, und deshalb vermochten sie gründlichere Seelsorge zu leisten.

Augustin, Luther, Calvin, Arndt, Francke, Grundtwig, Hauge, Gisle Johnson sind Männer der verschiedensten Zeiten der Kirchengeschichte, die an sich selbst Gottes tötende Gnade in besonderem Maße erlebt hatten. Sie waren daher imstande, Seelen zu verstehen und anzuleiten, die im tödlichen Kampf der Bekehrung standen. Das machte diesen Seelen den Kampf leichter.

Natürlich blieben auch ihnen Kämpfe nicht erspart; denn Gott muß den Sünder töten, bevor er ihn lebendig macht. Aber sie gingen in diesen Kampf ganz anders vorbereitet als heute. Schon in der Verkündigung wurden sie darauf vorbereitet, daß es kein Spiel sei, sich Gott zu übergeben, und daß die Bekehrung soviel bedeute, wie sein Leben verlieren und sterben. Und sie wurden darauf vorbereitet, daß dieser Tod nicht ohne Kampf vor sich gehe, ebenso, daß es seine Zeit dauere, bis das Werk an ihnen vollbracht sei.

Aber sie wurden auch darüber belehrt, daß dies zur Erlösung gehöre, ein Teil von Gottes Gnade sei. Und daß die älteren Gläubigen dasselbe erlebt hatten. Darum wurde es ihnen leichter, das alles zu ertragen. Daß sie litten, war nicht mehr ein Zeichen dafür, daß sie einen falschen Weg eingeschlagen hatten, sondern vielmehr dafür, in die rechten Hände gekommen zu sein, die erst töteten, ehe sie lebendig machten. In dieser Hinsicht haben es die Erweckten unserer Zeit schwieriger. Von uns Älteren haben sie sicherlich den Eindruck, daß die Bekehrung sofort zur Gewißheit führen kann und soll.

Wenn in unseren Tagen viele Suchende, die sich ehrlich Gott übergeben haben, keine Ruhe und keine Gewißheit erlangen, sehe ich das nicht nur als ein Zeichen von Schwäche an.

Wir leben in einer Zeit, die in unglaublichem Maße Gottes Majestät vergessen hat. Auch die Christen machen sich dessen schuldig. Gott wurde nach und nach immer kleiner und wurde so leicht zu verstehen. Gott und das Christentum waren so einfach. Der Glaube wurde ein einfaches Rechenexempel. Infolgedessen kannte ein großer Teil der Gläubigen nur wenig vom Ernst der Sünde und von der Furcht vor Gott. Der Abstand zwischen Gott und dem Sünder war im Begriff, zu verschwinden. Furcht und Zittern, von denen Paulus spricht (Phil. 2,12), waren beinahe unbekannt geworden.

Nun aber ist Gott in seiner Gnade dabei, uns in eine neue Zeit hinüberzuhelfen. Er hat das Selbstsichere und Leichtsinnige in unserem Gottesverhältnis unterminiert. Langsam beginnen wir wieder, unseren Abstand von ihm zu erkennen.

Die vielen ehrlichen, aber noch ungefestigten Seelen in unserer Zeit sind für mich ein Zeugnis, daß Gottes Wort von der Sünde von den Seelen wieder gehört und verstanden wird. Es scheint mir, als müsse er vorläufig das Gewicht auf die Sünde legen, damit wir wieder Verlangen nach der Gnade bekommen und nicht nur von ihr reden.

Damit will ich durchaus nicht sagen, es sei wünschenswert, daß die Erweckten ohne Gewißheit und Frieden bleiben. Ich will nur darauf hinweisen, daß die ungefestigten Seelen zum Gesicht unserer Zeit gehören, was uns aber nicht mißmutig machen, sondern uns vielmehr Hoffnung geben soll.

Ich rechne damit, daß unter meinen Lesern solche suchenden Seelen sind, wie ich sie hier geschildert habe. Nachdem ich über sie gesprochen habe, will ich nun zu ihnen sprechen, und ihr versteht sicher, daß ich nun von dem Erbe sprechen will.

## *Mißverständnisse*

Zunächst etwas vom Glauben. Den habt ihr etwas mißverstanden. Ihr meint, ihr könnt nicht glauben, und das sei der Grund eurer Ungewißheit und eures Unfriedens. Aber das ist falsch. Ihr habt Glauben, wenn ihr eure Sünden vor Gott bekennt. Das steht deutlich in der Bibel: »So wir aber unsere Sünden bekennen, so ist er treu und gerecht, daß er uns die Sünden vergibt« (1. Joh. 1,9).

Darum sagten die Haugianer: Glauben heißt, zu Christus mit seinen Sünden kommen.

Wer Gott täglich seine Sünden bekennt, der ist gläubig, ob er nun Gewißheit hat oder nicht. Gewißheit ist eine Form des Glaubens, nämlich die reife Form des Glaubens. Darum ist der Glaube da vor der Gewißheit wie der grüne Keim vor der reifen Ähre.

Die Vermischung von Glauben und Gewißheit ist ein Mißgriff, der suchenden Seelen manche unnötigen Leiden gebracht hat. Wenn sie keine Gewißheit hatten, nahmen sie an, auch ohne Glauben zu sein. Und waren sie ohne Glauben, dann waren sie nicht erlöst.

Hier bringt die Bibel Klarheit, indem sie sagt, daß der Glaube die Bedingung für die Erlösung des Sünders ist. Die Gewißheit ist eine Folge, eine Frucht dieser Erlösung. Nachdem Jesus für unsere Sünden gestorben ist, gehört von unserer Seite zur Erlösung nur Glaube, und das will sagen, daß wir zu Christus kommen und unsere Sünden bekennen.

Ich möchte noch auf einen Fehler hinweisen, den viele begehen, wenn sie sagen, daß der Glaube Christus ergreift, oder daß er sich die Gnade aneignet. Nach der Bibel ist das eine Seite des Glaubens (Phil. 3,12–14; 1. Tim. 6,12).

Wenn man aber den Ausdruck »ergreifen« und »aneignen« so auffaßt, daß Christus uns nicht erreichen kann, ohne daß wir ihn ergreifen und ihn gleichsam zu uns herabziehen, dann haben wir das Schriftwort falsch gedeutet. Dann haben wir das tiefste Geheimnis der Gnade übersehen, nämlich daß sie für alle da ist und daß sie umsonst ist und daß sie den Sünder sucht, noch bevor der Sünder daran gedacht hat. Sie sucht ihn, drängt sich zu ihm, geht in ihn ein, sofern der Sünder Gott nicht hindert, ihm das Erbe als persönliches Eigentum zu überbringen.

Dein Glaube ist unbedingt notwendig. Ohne Glauben ist's unmöglich, Gott zu gefallen (Hebr. 11,6). Aber er dient nicht dazu, das Erbe zu dir herabzubringen. Gott hat dich schon gesucht und an deine Tür geklopft. Dein Glaube ist die Antwort auf Gottes Klopfen, womit du die Tür öffnest, womit du deinen Widerstand aufgibst. Und deinen Widerstand gibst du in dem Augenblick auf, wenn du Gott deine Sünden gestehst. Unser ehrliches Sündenbekenntnis ist die Glaubenshandlung, mit der wir Gott unser Herz öffnen. Im selben Augenblick geht er ein mit seiner Gnade und mit seinen Gaben.

Dann möchte ich auf das Mißverständnis hinweisen, man habe nicht teil an der Gnade, solange man nicht die Freude und den Frieden der Gewißheit besitzt. Dies ist ein Mißverstehen der Gnade, während es vorher ein Mißverstehen des Glaubens war. Man faßt die Gnade zu eng und einseitig, nur als lebendigmachende Gnade auf und rechnet nicht mit der tötenden Gnade. Dieses Mißverständnis hat tiefe Wurzeln.

In unserer Zeit übersieht man häufig die tötende Gnade, weil man eine oberflächliche Auffassung von der Sünde und von der Verderbtheit der Menschen hat.

Die gewöhnliche Bekehrungspredigt unserer Zeit geht davon aus, daß wir den natürlichen Menschen in dem Augenblick als reif zur Bekehrung ansehen, wenn er selbst den Beschluß faßt, sich zu bekehren. Das ist ein merkwürdiges Vertrauen zu dem natürlichen Menschen, das aber unvereinbar mit seiner Beschreibung in der Bibel ist.

Wenn die Bekehrung nichts weiter wäre, als daß der natürliche Mensch, der durch die Erweckung davon überzeugt wurde, daß er unbekehrt lebt, sich nun mit Bewußtsein und Willen entschließt, sich zu bekehren, dann wäre sie wahrhaftig nicht das Wunder, von dem die Schrift spricht. Dann wäre auch das ganze Willensleben des natürlichen Menschen nicht so verkehrt, wie die Bibel sagt.

Hier zeigt sich unsere oberflächliche Auffassung von Sünde und Bekehrung: Im gleichen Augenblick, wenn der erweckte Mensch sich entschließt, sich zu bekehren, glaubt er sich reif für Gottes lebenerweckende Gnade. Wir sind überzeugt, daß die Erweckung diesem natürlichen Menschen Gottes tötende Gnade geschenkt hat.

Und wir fühlen uns unserer Sache sicher, wenn wir großen Wert darauf legen, daß die Ehrlichkeit bei dem Erweckten die entscheidende Rolle beim Entschluß seiner Bekehrung spielt. Aber auch hier irren wir uns. Natürlich kommt es auf Ehrlichkeit an. Aber das ist nicht genug. Auch der Selbstgerechte kann subjektiv ehrlich sein.

Jeder Christ, der die Fähigkeit zur Selbstbeobachtung hat, wird einräumen, daß er durch seinen Entschluß, sich Gott zu übergeben, durchaus nicht getötet war. Das, was getötet werden soll und muß, nämlich das Zutrauen zum eigenen Verstand und Willen, war noch unberührt geblieben.

Auch der Entschluß, die Wahl, war möglicherweise der beste Beweis dafür, welches Vertrauen wir noch zu unserer eigenen Willenskraft hatten. Darum wurden wir auch erschreckt, als sich erwies, daß unser Willensentschluß nicht hielt, was wir von ihm erwartet hatten. Die Eigenwilligkeit war durch den Entschluß zur Bekehrung völlig unberührt und unverändert geblieben.

Nach dem, was wir gelesen und gehört hatten, hatten wir uns eine Meinung gebildet darüber, wie die Bekehrung vor sich gehen würde. Aber wir erlebten sehr bald, daß es nicht so ging. Und dann fingen wir an, uns, bewußt oder unbewußt, in die Linie hineinzuzwängen, die wir für die richtige hielten.

Und weil das auch nicht ging, wurden wir völlig ratlos und verzweifelt. Diese Ratlosigkeit zeigte deutlicher als alles andere, daß wir das Zutrauen zu uns noch nicht aufgegeben hatten. Wir waren überzeugt, daß wir die Sache richtig verstanden hatten. Daher konnten wir auch nicht begreifen, daß es nicht so ging, wie es sollte. Es kam uns nicht in den Sinn, daß wir eine falsche Auffassung von der Bekehrung und ihrem Verlauf hatten. Darum kam es uns auch nicht in den Sinn, daß wir uns wie Blinde lediglich von dem leiten lassen sollten, der dies von Ewigkeit her kannte.

Am schlimmsten empfanden wir, daß wir es nicht so gut hatten, wie wir nach unserer Ansicht erwarten durften. Gelegentlich tauchte sogar der Gedanke auf, daß es merkwürdig von Gott sei, uns nicht zu geben, was er gelobt hatte.

Anfangs wagten wir nicht, diesem Gedanken Raum zu geben. Er schien uns nicht schön und nicht richtig. Aber mit der Zeit wurden wir ungeduldig. Der Gedanke ließ sich nicht mehr unterdrücken, wenn er sich auch nicht in Worten äußerte. Fühlten wir uns nicht benachteiligt? Hatten wir nicht von Gott etwas zu fordern? Hatten wir nicht Anspruch auf Frieden und Gewißheit? Aber Gott erfüllte diese Forderung nicht, obgleich wir ihn darum baten.

Wenn der erfahrene Christ später auf diese Erlebnisse seiner Bekehrungszeit zurückblickt, ist ihm klar, daß das Abtöten mit der Erweckung noch nicht abgeschlossen ist, auch noch nicht mit dem Entschluß zur Bekehrung. Er weiß, daß Gott erst nach diesem Entschluß ernstlich zupacken kann, um das Selbstvertrauen und die Eigenwilligkeit zu töten.

Nun wird mancher fragen: wenn der Bekehrungsentschluß kein Entschluß ist zur vollständigen Übergabe des Eigenwilligen an Gott, was ist er dann? Hat er denn keine Bedeutung? Ist er nur ein guter Vorsatz neben anderen? Neben anderen Vorsätzen, die der erweckte Mensch faßt?

### *Bekehrung heißt: Sich in Gottes Behandlung begeben*

Nein, der Enschluß der Bekehrung behält seine Bedeutung. Er bleibt das Entscheidende, das aus dem verlorenen Sünder einen erlösten macht. Aber der Entschluß hat eine andere Bedeutung, als man ihm jetzt gewöhnlich zuschreibt. Er verändert nichts am Willen des Sünders. Sonst wäre es wie bei Münchhausen, der sich selbst an den Haaren hochhob. Dieser Entschluß bedeutet nicht die Abtötung des alten Ichs. Darum kommt es auch nicht darauf an, ob der Entschluß stark oder schwach ist. Entscheidend ist, was beschlossen wird: nämlich sich in Gottes Hände zu übergeben, in seine Behandlung, in seine vernichtende Behandlung.

Der Entschluß zur Bekehrung besteht darum eigentlich nur darin, daß der erweckte Sünder sich Gottes vernichtender Gnade ausliefert, um lebendig gemacht zu werden.

Dies im Augenblick der Bekehrung oder in den Kämpfen der Bekehrungszeit klar zu sehen, ist für den Sünder allerdings nicht leicht. Aber würde er von den Verkündigern oder älteren Gläubigen klarer angeleitet werden, dann würden sich für ihn diese Kämpfe in mancher Beziehung einfacher gestalten.

Erstens würde er auf diese Kämpfe vorbereitet sein. Er würde erfahren, daß andere das gleiche erlebt hatten. Zwar würde ihm diese Erkenntnis das Leiden nicht ersparen, aber es würde ihm viel leichter fallen, es zu ertragen.

Das Unverständliche fiele fort.

Und wir wissen ja von unseren körperlichen Krankheiten, daß es viel leichter ist, Schmerzen zu ertragen, wenn der Arzt die Krankheit erkannt hat und uns sagen kann, daß sie sich so immer äußert, daß es aber nicht gefährlich ist, wenn es auch schmerzt.

Zweitens würde es dann den Neubekehrten leichter fallen, diese schmerzlichen Erlebnisse als Gottes Handeln anzusehen. Aber meistens erkennen sie das nicht, sondern halten sie für eine Folge davon, daß der Sünder ständig Gottes Handeln stört. Könnte er in der Angst und Verzweiflung, die ihn quälen, eine Wirkung von Gottes Handeln erkennen, dann würde er gleichzeitig begreifen, daß dies ein Teil der göttlichen Gnade ist.

Drittens würde sich der Neubekehrte leichter demütigen unter Gottes gewaltige Hand und nicht ungeduldig Gewißheit und Freude fordern. Seine Sehnsucht nach Gewißheit wäre die gleiche, und diese Sehnsucht ist gesund und normal. Wenn er sehen würde, daß er schon im Besitz von Gottes Gnade ist, daß sie ihn gesucht und gefunden hat und von dem Augenblick an, als er seine Sünden bekannte, in ihm wohnt, würde er sich leichter in Gottes Arbeit an ihm finden. Dann würde er auch schneller lernen zu glauben, ohne zu sehen, und schneller begreifen, was Gott ihm in dieser Zeit beibringen will, nämlich an das Wort zu glauben ohne die fühlbare Gnade.

Viertens würde er klarer erkennen, daß er nicht selbst aus seinem armen, zweifelnden Herzen die Gewißheit hervorpressen soll, sondern daß die Gewißheit eine Frucht von Gottes ständiger Arbeit an ihm ist, die darin besteht, das Erbe dem Sünder zu persönlichem Besitz und Eigentum zu übermitteln. Und wie Gott frei und unaufgefordert Erweckung, Bekehrung und Glauben wirkte, so wird Gott auch die Gewißheit wirken. Und er schiebt es nicht auf, wenn es auch eine Zeit dauert. Denn auch die Gewißheit ist ein Teil des Erbes. Und das Erbe soll dem einzelnen Sünder überbracht werden, weil er ein Glied ist in dem Geschlecht, dessen Stellvertreter Jesus ist.

## *Deine Verantwortung*

Bevor ich diesen Abschnitt schließe, muß ich ein paar Worte über die Verantwortung sagen, die das Erbe dem Sünder auferlegt.

Viele Menschen meinen, wenn sie nicht bekehrt werden, dann liege es daran, daß sie es nicht schafften. Sie wollten wohl, aber sie könnten nicht. Woran es liegt, daß sie es nicht schaffen, ist ihnen vielleicht nicht klar. Aber daß sie es nicht konnten, das wissen sie.

Sollte dieses Buch in die Hände eines Lesers fallen, der so denkt, dann möchte ich ihm sagen: du irrst dich sehr. Ich fühle dabei das Bedürfnis, dir noch mehr zu sagen: sei vorsichtig, daß du dich nicht selbst betrügst. Glaubst du wirklich, was du sagtst? Ist nicht vielleicht eine Stimme in deinem Inneren, die sagt: Das ist nur ein Vorwand, um leichter den Gedanken an Bekehrung abzutun? Du hättest dich bekehren können, wenn du nur gewollt hättest.

Das war es gerade, was Gott wollte, als er den neuen Bund mit dem Menschengeschlecht schloß, das Erbe gerade jedem einzelnen zuzubringen, ja, noch mehr, das Erbe in den Menschen hineinzubringen, sofern er ihm das nicht willentlich wehrte. Er ist mit dem Erbe zu dir gekommen. Du hast ihn nicht gebeten, aber er kam trotzdem. Er gab dir die Gnade der Erweckung. Er sprach mit dir von seiner Liebe, bis dir die Sünde bitter und schmerzlich wurde.

Und dann fragte er dich: Willst du geheilt werden? Wenn du dann geantwortet hast: Ich kann nicht, dann antwortest du nicht auf das, was er dich fragte. Er fragte dich nicht, ob du dich selbst heilen könntest, sondern ob du wolltest, daß er dich heilen solle.

Kehren wir wieder zu dem Patienten zurück, von dem ich sprach. Stell dir vor, der Chirurg steht da. Eben hat er dem Patienten erklärt, wie es sich mit seiner Krankheit verhält, und ihm gesagt, daß er durch eine Operation gerettet werden kann und daß er bereit ist, mit der Operation zu beginnen. Endlich fragt der Arzt: Wollen Sie?

Wenn nun der Patient antworten würde: Ja, ich will gern, aber ich kann nicht, dann würdest du doch meinen, es sei mit seinem Verstand nicht ganz richtig. Der Arzt fragte ja nicht, ob der Kranke sich selbst operieren könne, sondern ob er sich vom Arzt operieren lassen wolle.

Ebenso steht der große Arzt der Seelen bei dir in der tödlichen Krankheit deiner Seele. Auch er fragt dich nicht, ob du aufhören kannst, ein weltlicher Mensch zu sein, sondern er fragt dich, ob du willst, daß er dich zu einem neuen Menschen machen soll. Er fragt nicht, ob du mit deinen Sünden ein Ende machen kannst, sondern ob du willst, daß *er* dich von deinen Sünden befreien soll. Er fragt dich nicht, ob du anfangen kannst, die Sünde zu hassen und Gott zu lieben, sondern ob du willst, daß er diesen neuen Geist in dir schaffen soll. Gott fragt dich nur nach dem, was du willst.

Dies ist deine Verantwortung. Dies ist auch deine innerste Angst während der Erweckung. Du siehst es so unheimlich klar: Die Wahl, wozu die Erweckung dich zwingt, diese Wahl wird eben zeigen, was du willst, was du im Innersten willst. Entweder krank bleiben und die Selbstregierung behalten oder die Selbstregierung aufgeben, dich operieren lassen und gesund werden!

# Ein zerschlagenes Herz

*»Der ich in der Höhe und im Heiligtum wohne, und bei denen, so zerschlagenen und demütigen Geistes sind, auf daß ich erquicke den Geist der Gedemütigten und das Herz der Zerschlagenen.«*

*(Jes. 57,15.)*

Die Menschen erfüllen die Welt mit ihrer Sünde. Sünde aller Art und aller Gnade. Bewußte und unbewußte Sünde, persönliche und soziale, nationale und internationale Sünde, offenbare und geheime, ängstliche Sünde, die sich im Dunkeln verbirgt, freche Sünde auf offener Straße.

Aber das Schlimmste bei dem Menschen ist nicht, daß er Sünde tut. Das Herz, das der Mensch in sich trägt, ist böser als alle die Sünden, die der Mensch tut. »Denn von innen, aus dem Herzen der Menschen, gehen heraus böse Gedanken: Ehebruch, Hurerei, Mord, Dieberei, Geiz, Schalkheit, List, Unzucht, Schalksauge, Gotteslästerung, Hoffart, Unvernunft« (Mark. 7,21.22).

Hier hat uns Jesus auf die ständig rinnende Quelle hingewiesen, aus der die Sünde über die Erde fließt und sie zu einem Vorhof der Hölle macht.

Dennoch ist das Schlimmste am Herzen nicht, daß es voller Sünde ist, das Schlimmste am Herzen ist seine Härte, sein Unwille und seine Widersetzlichkeit gegen Gott. Es ist hart von Natur und macht sich härter und härter gegen Gott.

Die meisten Menschen leben ihr Leben weit weg von Gott. Wie in den meisten anderen christlichen Ländern gibt es auch bei uns eine unheimlich große Anzahl von Leuten, die, praktisch gesprochen, niemals Gottes Wort hören, und es ist zu fürchten, daß sie es auch kaum zuhause lesen. Wahrscheinlich beten sie auch nicht.

Das ist schlimm, denn sie fühlen sich in dieser Gottesferne ganz wohl. Aber das Betrüblichste daran ist nicht, daß sie gottfern sind, sondern daß sie es sein wollen, daß sie sich mit Willen Gott und seinem Wort entziehen.

Andere wieder suchen Gott. Sie gehen in die Kirche, vielleicht jeden Sonntag, gehen auch zum Abendmahl, lesen in der Bibel, vielleicht sogar täglich, und beten etwas, jedenfalls das Vaterunser.

Aber das Herz bleibt hart. Sie suchen nicht Gott, um ihn zu finden. Im Gegenteil, ihre Gottesverehrung dient nur dazu, sich gegen eine persönliche Begegnung mit Gott zu wehren. Sie nennen sich selbst Christen und vergeben sich selbst ihre Sünden. Aber bekehren wollen sie sich nicht. Das Wort Bekehrung ärgert sie, und sie machen ihr Herz hart gegen den gütigen Gott.

Wieder andere begreifen, daß sie sich bekehren müssen. Sie beugen sich vor der Wahrheit der Bibel: »Es sei denn, daß ihr euch umkehret und werdet wie die Kinder, so werdet ihr nicht ins Himmelreich kommen« (Matth. 18,3). Sie geben zu, daß sie nicht bekehrt sind. Aber wenn der Ruf der Bekehrung an sie ergeht, machen auch sie ihr Herz hart und schieben es hinaus, sich zu bekehren. Sie sagen: Ich will mich bekehren, aber nicht jetzt. Das ist eine Lüge. Denn wenn sich ein Mensch bekehren will, dann muß er es gleich tun und nicht später. Ein Ertrinkender sagt nicht: Ich will gerettet werden, aber nicht jetzt!

Schließlich gibt es auch solche, die einsehen, daß sie ihre Bekehrung nicht hinausschieben können. Aber selbst bei ihnen begegnen wir dem harten und widerspenstigen Herzen.

Es gibt viele, die sich bekehren wollen, aber sie möchten so billig wie möglich davonkommen, und sie versuchen, mit Gott zu feilschen. Sie möchten gern Frieden haben, denn es geht ihnen nicht gut. Aber mit Gott ins reine kommen wollen sie nicht, da ist irgendeine Sünde oder irgendein sündiges Verhältnis, das sie nicht aufgeben möchten. Darum feilschen sie mit Gott und versuchen, Frieden von ihm zu bekommen, ohne mit der Sünde völlig brechen zu müssen.

Andere rechnen ehrlich mit Gott ab und wollen auch keine Sünde einschmuggeln. Aber auch ihr Herz ist hart und widerspenstig. Sie wollen im geheimen Christen sein. Sie finden alle möglichen Gründe, Gott nicht vor den Menschen bekennen zu müssen. Sie sagen, das Verhältnis zu Gott sei das feinste und intimste im Menschenleben. Davon zu reden sei eine Entwürdigung. Darüber könne man nur mit Gott reden, sagt das widerspenstige Herz.

Und sieht man, daß es im Widerspruch zu Jesu eigenem Wort steht – siehe Mark. 8,38 –, dann sagt das widerspenstige Herz: Was soll ich bekennen? Ich will damit warten, bis ich in meinem Leben gezeigt habe, daß wirklich eine Sinnesänderung mit mir vorgegangen ist.

*Gott muß das harte Herz zerbrechen*

Kein Mensch kann Christ werden, wenn sein hartes Herz nicht gebrochen wird. Und es ist Gott, der das Herz bricht. Aber es ist eine schwere Arbeit, sogar für Gott.

Als Gott das Universum mit den unzähligen Sonnensystemen schuf, saß er ruhig auf seinem himmlischen Königsthron und sprach ein schöpferisches Wort. Und wenn er das Weltall, von den gewaltigen Himmelskörpern hinab bis zu kleinsten Bazillen, regiert, sitzt er ruhig in seinem Himmel und trägt alle Dinge mit seinem kräftigen Wort (Hebr. 1,3).

Aber als er das kleine harte Menschenherz brechen mußte, konnte er nicht auf seinem himmlischen Thron verbleiben, sondern mußte den Himmel verlassen, auf unsere Erde herabsteigen, Mensch werden und leiden und sterben zur Sühne für unsere Sünden.

Eines so großen Apparates bedurfte Gott, um das kleine Menschenherz zu brechen! Ja, das ist wohl ein mächtiges Wunder, wenn Gott das harte Herz bricht! Je länger ich lebe, und je mehr ich dies Wunder betrachte, um so größer wird es für mich. Und ich weiß nicht, ob überhaupt ein größeres Wunder in uns geschieht. Es gibt nur ein Wunder, das größer ist als dies, nämlich Gottes eigene Menschwerdung. Wie Gott das Herz zerbricht, kann ich nicht sagen. Es ist das Mysterium, das Wunder der Erweckung.

Obgleich ich dies Wunder vor 54 Jahren durch Gottes Gnade persönlich erlebte, kann ich bis heute noch nicht sagen, wie Gott es tat. Das einzige, worüber ich etwas sagen kann, sind die Wirkungen des Wunders, die ich in meiner Seele erlebte.

Schon der Zeitpunkt der Erweckung kann rätselhaft sein. Die meisten Menschen leben lange Zeiten ihres Lebens hindurch gedankenlos und so gut wie unberührt von Gottes Ruf. Und das Merkwürdige ist, daß sich diese gedankenlose Unberührtheit nicht nur in Zeiten des Erfolges und im ruhigen, steten Verlauf des Lebens findet. Viele machen schwere Krankheiten, Leiden und andere Widerwärtigkeiten durch, ohne daß ihr Herz gebrochen wird. Sie werden nur härter und unzugänglicher für Gott.

Aber dann geschieht es, plötzlich oder auch allmählich. Oft ohne daß jemand erwartet hatte, daß eine Sinnesänderung bei ihnen eintreten würde. Sie kam ihnen selbst ganz unerwartet. Sie hatten nicht darum gebeten und hatten sie weder gewollt oder gewünscht, noch daran gedacht. Daher kam sie ihnen nicht nur überraschend, sondern auch ungelegen. Das ist auch einer von den Gründen, warum viele Erweckte in Versuchung geraten, die Bekehrung hinauszuschieben.

Wir glauben, daß Gott immer an dem Sünder arbeitet, auch dann, wenn der Sünder gedankenlos und leichtsinnig lebt. Daher glauben wir auch, daß die kurze Zeit der Erweckung lange und von Gott im Leben des Sünders gut vorbereitet wurde, ohne daß er es ahnte.

Aber auch das ist rätselhaft und mysteriös. Es zeigt, wie schwierig es sogar für Gott ist, einen Menschen zu erwecken und sein hartes Herz zu brechen. Es gibt nicht viele Stunden oder Zeiten im

Leben eines Menschen, in denen Gott das menschliche Herz erreichen kann. Die übrige Zeit braucht er wohl dazu, diese Stunden vorzubereiten, in denen er dem Menschen nahe ist. Daher ruft der Prophet: »Suchet den Herrn, solange er zu finden ist; ruft ihn an, solange er nahe ist« (Jes. 55,6). Die Stunde, in der der Herr nahe ist, ist die Stunde der Erweckung. Das ist das Wunder der Erwekkung: der Herr ist nahe.

Warum ist der Herr dem Sünder sonst nicht nahe? Kümmert er sich nicht immer um ihn? Wir brauchen nur so zu fragen und haben die Antwort bereit: Der Herr bleibt sich in seiner Sorge und Liebe stets gleich. Wenn er daher dem Sünder nicht immer gleichmäßig nahe ist, liegt es daran, daß er es nicht kann. Der Herr muß also lange Zeit hindurch und mit vielen Mitteln die Augenblicke im Leben des Sünders vorbereiten, in denen er ihm so nahe kommen kann, daß er gezwungen ist, Gottes Stimme zu hören.

Darum begeht der unbekehrte Mensch gerade in der Zeit der Erweckung seine schwersten Sünden. Niemals ist sein Herz so hart wie in dieser Zeit, wo er es absichtlich hart macht gegen die heilige Erleuchtung, die er empfangen hat. Daher klingt auch die Mahnung so eindringlich: »Heute, so ihr seine Stimme hören werdet, so verstocket eure Herzen nicht!« (Hebr. 3,15).

Die kurze Zeit der Erweckung ist also die Zeit, in der der Herr nahe ist. Das will sagen: Daß der Herr nahe ist, das ist das Wunder der Erweckung. In dem Augenblick, den der Herr lange und mühselig vorbereitet hat, zieht er den Sünder vor sein heiliges Angesicht. In diesem Augenblick kann sich der Sünder Gottes Angesicht nicht entziehen.

Das ist die große Gnade, daß Gott keinen Sünder der ewigen Pein verfallen läßt, ohne ihn zuvor vor sein Angesicht gestellt und dadurch gezwungen zu haben, die Wahrheit zu sehen, sich zu besinnen und zu entscheiden, ob er sich erlösen lassen oder den unseligen Weg zur Verlorenheit fortsetzen will.

Nun muß er sich entscheiden. Er kann wählen, was er will. Aber wählen muß er. Eins von beiden: entweder in Gottes Nähe zu bleiben oder vor ihm zu flüchten. Ohne eigenes Wollen ist er in die heilige Gottesnähe dieser Erweckung gekommen. Aber nun muß er selbst entscheiden, ob er in ihr bleiben will.

Die meisten Menschen wollen es nicht. Daher schlagen sie sofort die Tür ihrer Seele zu. Das können sie. Sie können aus eigenem Willen die Verbindung mit Gott abbrechen, die die Erwekkung ohne ihren Willen herstellte.

Andere machen ihr Herz nicht so hart. Zwar entscheiden auch sie sich nicht dafür, in der Gegenwart Gottes zu bleiben. Aber es ist ihre Rettung, daß sie die Verbindung mit Gott, die durch die Erweckung zustande kam, nicht abbrechen. Denn der Sünder braucht nur Gott zu erleben, d. h. in Gottes Nähe zu leben, damit sein hartes Herz gebrochen wird. Das kann schnell gehen, in der Regel aber dauert es seine Zeit, meistens geht es sogar langsam.

In Gottes Nähe bleiben wir allein. Selbst wenn wir uns in einer großen Versammlung befinden, verschwinden die Menschen für uns. Wir können uns in der Menge nicht vor Gott verstecken. Gott spricht zu mir.

In Gottes Nähe werden wir alle ganz klein. Wir erkennen unseren Abstand von Gott. Wir fühlen, daß Gott unbedingt ein Recht auf uns hat. Hier spricht jemand zu mir, auf den ich hören muß, mit dem ich nicht debattieren oder handeln kann. Ich habe nur zu hören und zu gehorchen.

In Gottes Nähe fühlen wir uns alle als Sünder. Die Erweckung stellt uns in ein himmlisches Scheinwerferlicht, das wir anfangs unerträglich empfinden. Unsere alten Sünden richten sich vor uns auf. Kleine Sünden oder große Sünden, die wir längst vergessen hatten, tauchen in der Erinnerung auf und machen uns peinliche Not.

Und das Licht fällt nicht nur zurück in die Vergangenheit, sondern auch in uns hinein. Wir sehen jetzt unsere inneren Sünden. Und was wir zu sehen bekommen, ist so grauenvoll, daß wir nicht wissen, wohin wir unsere Augen wenden sollen. Ein abgrundtiefes, grenzenloses Meer von Unreinheit und Schlechtigkeit: Eigenliebe, Eitelkeit, Prunksucht, Falschheit, Neid, Haß, Sinnlichkeit und Unzucht.

In Gottes Nähe bekommen wir auch Gott zu sehen.

Wie alle Adamskinder machen wir uns in unserem Innern ein Zerrbild von Gott. Wir glauben, er sei streng und es sei schwierig, mit ihm zu tun zu haben. Er sei hart und habe Freude daran, die Menschen zu strafen, wenn sie sich nicht seinem Willen beugen und erlösen lassen wollen.

Und dann begegnen wir dem wirklichen Gott! Wir sehen ihn, wie er, in Christus verkörpert, zu uns kommt. Alle unsere falschen Vorstellungen fallen, eine nach der anderen. Er ist kein grausamer Tyrann, sondern unser bester Freund. Er gab sein Leben hin, um einem Menschen wie mir zu helfen.

Nun sehe ich ihn nicht mehr als gestrengen Richter mit anklagenden und strafenden Worten, sondern ich fühle seinen freundlichen Blick auf mich gerichtet und empfinde sein Mitleid, weil ich es übel gmacht habe und es mir schlecht geht. Dann spricht er zu mir, liebe- und verständnisvoll: »Es geht dir schlecht, aber niemand außer mir kann dir helfen. Laß mich zu dir kommen, dann erlöse ich dich aus deiner Sünde und Schuld!«

Wir können uns jedoch nicht entschließen. Wir zaudern und wissen nicht recht, was wir wollen. Jedenfalls ergreifen wir nicht seine ausgestreckte Hand.

Aber da sehen wir plötzlich, daß sie durchbohrt ist, und sehen, daß er über uns weint. Da ist es schwer, zu sündigen. Da ist die Sünde herb und bitter. Vorher war sie munteres Spiel, nun ist sie grausamer Ernst.

Jetzt wird die Sünde zur Gewissenslast und wir sagen uns: Das muß ein Ende haben! Wir beginnen, energisch gegen unsere Sünden zu kämpfen, und sind überzeugt, daß das hilft. Nun wird ein neues Leben beginnen.

Umso größer ist daher die Enttäuschung, wenn man entdeckt, daß es nicht gelingen will. Man verachtet sich selbst nach jeder Niederlage und faßt neue Vorsätze, den einen kräftiger als den anderen. Trotzdem will es nicht besser werden. Zuerst entschuldigte man sich selbst. Man schob die Schuld auf die schwierigen Verhältnisse und die Freunde, bis man schließlich der Wahrheit ins Auge sehen muß. Es liegt einfach daran, daß die Lust zur Sünde stärker ist als alle guten Vorsätze. Die Lust braucht nur in das höllische Feuer der Versuchung zu kommen, dann lodert sie auf, und alle guten Vorsätze sind verschwunden.

Es gibt für den Erweckten nichts, was demütigender ist als dieser Kampf. Niemals hätte er es für möglich gehalten, daß er sich so erbärmlich willenlos von dem häßlichen und gefährlichen Strom seiner Lüste treiben lassen würde.

Aber er erlebt noch Größeres in Gottes Nähe. In seiner Not hatte er sich schon längst an Gott gewandt. Auch das war ihm schwer gefallen. Früher hatte er geglaubt, es müsse doch einfach und leicht sein, sich an Gott zu wenden, wenn man sich erst einmal entschlossen habe, sich zu bekehren. Aber nun ist es unglaublich schwierig. Der Mut läßt ihn im Stich. Er weiß wohl, daß Gott gnädig ist und den Sünder annimmt, der sich von seinen alten Sünden losgesagt hat und nun zu Gott mit redlichem und reuigem Herzen kommt. Aber so ist sein Herz ja nicht. Und daher die ständig quälende Frage: Kann er sich überhaupt an Gott wenden, solange er nicht mit seinen alten Sünden fertiggeworden ist?

Diese Sorge über seine Sünde wird sein erster Trost. Er weiß natürlich, daß Gott ihm zürnt wegen seiner Sünde. Aber wenn Gott nun sieht, wie betrübt er über seine Sünde ist, sollte sich da Gott nicht seiner erbarmen und ihn trotzdem annehmen? Je mehr die Sünde ihn quält und ängstigt, umso mehr hofft er auf Gnade bei Gott. So kämpft er sich in der ersten Zeit der Erweckung zwischen Furcht und Hoffnung hindurch.

Indessen werden aber diese starken Gefühlsregungen nach und

nach an Stärke nachlassen. Das Seelenleben kann sich nicht längere Zeit auf der Höhe solcher Stimmungen halten. Die Gedanken, die anfangs sein Gefühlsleben so stark bewegten, verlieren an Spannung. Der Sünder sieht wohl noch seine Sünde und ihre gefährlichen Folgen, aber es macht keinen Eindruck mehr auf ihn. Und nun wird er ernstlich unruhig. Er merkt, er kann nicht einmal seine Sünde bereuen. Sein Herz ist kalt wie Eis und hart wie Stein. Es steht in der Bibel von gewissen Leuten, Gottes Geist habe sie verlassen. Und nun fragt er sich selbst: Bin ich vielleicht einer von denen, die Gottes Geist verlassen hat, weil er gesehen hat, daß ich völlig versagt habe?

Jetzt ist das Herz gebrochen!

Gott hat sein Wunder vollbracht. Der Mund ist dem Sünder verstummt, er fühlt sich schuldig vor Gott. Nun hat er keine weiteren Entschuldigungen mehr. Er gibt zu, daß er nichts mehr gegen Gott einzuwenden hat. Nun feilscht er nicht mehr mit Gott, um eine Sünde behalten zu dürfen. Sondern auf Leben und Tod kämpft er mit allen seinen Sünden. Und es ist sein Leid, seine Sorge, ja, seine Verzweiflung, daß er nicht von ihnen loskommen kann.

Er will auch keine Sünde länger verheimlichen, er will reinen Tisch machen. Er fürchtet nur, er könnte sich selbst betrügen. Darum möchte er am liebsten, wenn er könnte, sein Herz umdrehen, um sicher zu sein, daß keine Sünde darin zurückgeblieben ist. Und nun nimmt er den Schimpf, Christ zu sein, auf sich und stellt sich mitten in den Kugelregen hinein. Mögen die Menschen lächeln und lachen, höhnen und spotten, soviel sie wollen. Er will den Schimpf mit seinem Erlöser teilen.

Jetzt übergibt er sich Gott, ohne Bedingungen und ohne Ansprüche. Das Große, unglaublich Große ist für ihn, daß Gott ihn annehmen kann und will. Durch Gottes mächtiges Wunder ist er ein hilfloser Sünder geworden, der sich nirgends so wohl fühlt wie am Fuß des Kreuzes.

»Ich wohne in der Höhe und im Heiligtum und bei denen, so zerschlagenen und demütigen Geistes sind, auf daß ich erquicke den Geist der Gedemütigten und das Herz der Zerschlagenen« (Jes. 57,15).

Hier erzählt Gott, wo er wohnt. Wissen es denn nicht alle? In gewisser Weise ja, aber nicht richtig. Darum müssen wir es von Gott selbst hören: Ich wohne in der Höhe. Das zu wissen, ist wichtig für uns, wenn wir uns im Gebet an Gott wenden. Deswegen wollte auch Jesus, daß wir unser Gebet mit diesem Gedanken beginnen sollten: Vater unser, der Du bist im Himmel.

Unser Gebetsleben, ja unser ganzes Leben auf Erden würde anders werden, wenn wir uns darüber klar wären, daß Gott im Himmel wohnt.

Aber dann sagt Gott im selben Atemzuge, daß er auch eine zweite Wohnung hat: Bei denen, so zerschlagenen und demütigen Geistes sind. Dort wohnt er, sagt er.

Den Platz, wo wir wohnen, nennen wir unser Heim. Und nun sagt der Herr hier, daß er sich in dem zerschlagenen Herzen zu Hause fühlt. Dieses Herz ist ihm lieb und wertvoll. Sicher sind es solche Herzen, an die Jesus denkt, wenn er im Anfang seiner Bergpredigt sagt: »Selig sind, die da geistlich arm sind, denn das Himmelreich ist ihr. Selig sind, die da Leid tragen, denn sie sollen getröstet werden. Selig sind, die da hungert und dürstet nach der Gerechtigkeit, denn sie sollen satt werden« (Matth. 5,3–6).

Es gibt viele Gotteskinder, die diese Worte mit einem tiefen Seufzer lesen. Früher waren es fast ihre liebsten Worte, damals, als sie nichts anderes kannten als Hunger und Durst, Sorge und Armut. Wie öffneten doch diese Worte die Gnadentür weit für alle diese Armen! Waren sie nicht eine milde, heilsame Salbe gegen die Schmerzen des Gewissens! Sie gaben Mut, selbst wenn man nur Niederlagen aufzuweisen hatte.

Aber jetzt erscheinen diesen Gotteskindern diese Worte gleichsam verändert. Sie klingen nun wie ein vernichtendes Urteil. Wenn das Herz nicht hungert und dürstet nach Gerechtigkeit, sondern nach allen möglichen weltlichen Dingen, was nützt dann Gottes Güte und Gnade? Hatte er nicht das Urteil über sie gesprochen: »Weh' euch, die ihr voll seid, denn euch wird hungern. Weh' euch Reichen! Denn ihr habt euren Trost dahin« (Luk. 6,24.25)?

Wenn das Herz nicht trauert, sondern kalt, hart und gleichgültig ist, was nützt dann Jesu Sühne? Selbst wenn Jesus zweimal für die Sünder gestorben wäre, so kann er doch nicht denen verzeihen, die nicht einmal über ihre Sünden betrübt sind. Und wenn sich keine Armut im Geiste mehr findet, sondern das Herz satt und voll von allem anderen ist, daß kein Raum und kein Verlangen nach den Gütern des Gottesreiches spürbar ist, was nützt es dann, daß die Gnade umsonst ist!

In solchen Zeiten ist es nicht leicht, Gottes Kind zu sein, und es ist auch nicht leicht, diese Worte Jesu aus der Bergpredigt zu lesen. Man fühlt sich von Gott und seinen Freunden ganz verlassen. Und wenn man sieht und hört, daß die anderen Gläubigen von Gottes Wort getröstet und gesättigt werden, dann fühlt man das Gericht doppelt über sich. Man fühlt sich gleichsam in seiner eigenen Herzenskälte eingefroren. Alles, wonach wir greifen, wird kalt, sobald wir nur daran rühren. Sogar die anderen Gläubigen werden abgekühlt, wenn wir in ihre Nähe kommen. So scheint es uns.

Höre nun, mein Freund, was Gott sagt!

Er wohnt in deinem zerbrochenen Herzen. Er fühlt sich da zu Hause. Nein, nicht bei mir! Mein Herz ist nicht mehr zerbrochen, sagst du. Da irrst du dich. Du mißverstehst das zerschlagene Herz. Du weißt nicht, wie es innen aussieht.

Wenn du ein Glas nimmst und wirfst es mit all deiner Kraft zu Boden, dann kannst du sehen, wie ein zersprungenes Glas aussieht. Da liegt es in Scherben. Und kein Glaser kann es wieder zusammensetzen. Genau so ergeht es auch mit dem Herzen, wenn Gott es zerschlägt. Da liegt es in Stücken. Nichts ist ganz, und es kann auch nicht wieder zsammengesetzt werden. Glaube, Liebe, Reue, Sorge, Gebet, Bibellesen, Opfer und Entsagung, Kampf und Sieg, alles ist jetzt zerschlagen. Du blickst nur auf Scherben und findest alles hoffnungslos. Und vergißt, daß Gott dein Herz zerschlagen hat. Um Platz darin zu bekommen, um dort zu wohnen und sich wieder zu Hause zu fühlen.

Es war dir nämlich ergangen wie uns allen. Nachdem Gott in dein Leben getreten war und du aufgenommen worden warst unter die Vertrauten Gottes, fingst du nach und nach an, dich mehr über die Früchte der Gnade als über die Gnade selbst zu freuen. In der fühlbaren Gnade, die du erleben durftest, dünkte es dich, daß es ziemlich einfach wäre, Christ zu sein. Ohne daß du es selbst merktest, fingst du an, dich mehr auf dein Christentum als auf deinen Erlöser zu verlassen. Dein Gottesverhältnis erschien dir wie eine Selbstverständlichkeit. Du hattest so reichlich Glauben, daß du deiner Umgebung davon abgeben konntest. Furcht und Beben waren verschwunden bei deinem geistlichen Wohlstand. Da mußte Gott dich retten, und er zerschlug dein Herz zum zweiten Male.

Und wie einfach tat er das! Er verbarg nur einen Augenblick sein Antlitz vor dir. »Über ein Kleines, so werdet ihr mich nicht sehen. Ihr werdet weinen und heulen, aber die Welt wird sich freuen. Ihr habt auch nun Traurigkeit, doch euer Herz soll sich freuen, und eure Freude soll niemand von euch nehmen« (Joh. 16,19–22).

Er nahm nicht die Gnade von dir, sondern nur die fühlbare Gnade. Und nun saßest du wieder da mit der Leere deines Herzens, der Gottesferne, der Ungeistigkeit, der Kälte, Weltlichkeit und Härte. Und warst wieder einer von den Armen im Geiste. Denn arm ist der, der nicht das Notwendigste hat. Und du hattest nichts. Du warst nackt und bloß.

Aber nun war wieder Raum in deinem Herzen für Gott. Nun fühlte er sich wieder bei dir zu Hause. Denn nun hattest du niemanden, an den du dich klammern könntest. Nun machtest du auch nicht viele und große Worte von alledem. Nun aber war es eine Freude für Jesus, zu sehen, wie du still und demütig deinen Platz am Fuße des Kreuzes fandest. Er sah die Abhängigkeit deines zerschlagenen Herzens von ihm, der uns gegeben ist zur Weisheit, Gerechtigkeit, Heiligung und Erlösung (1. Kor. 1,30).

Warum fühlt sich der Herr in deinem zerschlagenen Herzen zu Hause? Weil allein das zerschlagene Herz das Kreuz und den Gekreuzigten anbeten kann. Allein das zerschlagene Herz gibt Gott recht in seinem vernichtenden Urteil, daß das Kreuz Christi über das Menschengeschlecht und den einzelnen fällt. Und allein das zerschlagene Herz gibt Gott recht in der unbeschreiblichen Gnade des Kreuzes.

Mein zerschlagener Freund! Wir können Gott nicht mehr ehren als durch den Glauben an seine Gnade. Gerade deswegen zerschlägt er unser Herz.

# Religiosität oder Christentum

Das Verhältnis des Christentums zu den anderen Religionen hat von Anfang an bis auf den heutigen Tag das Denken beschäftigt.

Die Apologeten fingen damit an. Im Mittelalter wurde es von der Scholastik fortgesetzt, die ständig um dieses Problem kreiste. Aber infolge ihrer unevangelischen Auffassung der Sünde und Gnade, dem Kern des Christentums, führte es zu einer Vermengung größten Umfanges von Christentum und Heidentum.

Luther schuf auch hier klare Linien durch seine biblische Auffassung der Sünde des Menschen und Gottes rechtfertigender, neuschaffender Gnade. Sowohl in seiner Theologie wie in seiner Verkündigung weist er ständig auf den Wesensunterschied hin zwischen der selbstgewählten, anstrengenden Religiosität einerseits und dem freien, glücklichen Gottesverhältnis des Wiedergeborenen andererseits.

Die späteren lutherischen Theologen haben dann mit dieser reformatorischen Grundanschauung weiter gearbeitet. Sie suchten sie mit dem Gedanken von einer doppelten Offenbarung zu untermauern, der natürlichen Offenbarung, auf der alle heidnische Religiosität beruht, und der übernatürlichen, auf der das Christentum beruht.

Aber auch auf protestantischer Seite finden wir eine Bewegung, die zielbewußt die Grenzen zwischen Christentum und Heidentum verwischt und eine Religionsvermengung im großen Stile durchführt. Schon im Jahrhundert der Reformation tritt diese Bewegung auf unter dem Einfluß der Renaissance, d. h. des wiederaufgelebten antiken Heidentums. Die schon erwähnten Socinianer und andere rationalistischen Sektenbildungen setzten dann verhältnismäßig still und unbemerkt ihre theoretische und praktische Religionsvermengung längere Zeit fort. Im Anfang des 18. Jahrhunderts sind ihre Ideen inzwischen so gewachsen und gereift, daß sie sich, praktisch gesprochen, auf alle protestantischen Kirchen ausbreiten.

In der Kirchengeschichte läuft diese Bewegung unter dem Namen des Rationalismus. Und der Name ist bezeichnend genug, wenn er auch nicht verrät, daß der Rationalismus das protestantische Gegenstück zu der Religionsvermengung des Katholizismus ist.

Wohl wurden energische Versuche gemacht, diese moderne Religionsvermengung einzudämmen, und besonders nach den großen Erweckungen im Anfang des 19. Jahrhunderts gelang dies auch ganz gut in den meisten protestantischen Kirchen. Aber seit Mitte des 19. Jahrhunderts bis auf unsere Tage hat die Religionsvermengung schlimmer geblüht als je.

Der neueste Wissenschaftszweig, die Religionsforschung, gab der Bewegung kräftigen Auftrieb. Sowohl die Religionsgeschichte wie die Religionspsychologie und die Religionsphilosophie haben, von dem üblichen Analogieprinzip der Wissenschaft ausgehend, das Christentum auf die gleiche Stufe mit der übrigen Religiosität in allen entscheidenden Punkten herabnivelliert. Wohl besteht Uneinigkeit unter diesen Forschern in vielen Einzelheiten, aber in einem Punkte sind sie wunderbar einig: einen Wesensunterschied zwischen dem Christentum und den übrigen Religionen erkennen sie nicht an.

Wohl ziehen die meisten von ihnen das Christentum den anderen Religionen vor. Aber es geschieht nicht, weil das Christentum die einzige Religion ist, durch die der Mensch erlöst werden kann. Nein, jeder wird durch seinen Glauben selig. Aber sie glauben trotzdem, daß das Christentum die Religion ist, die dem Menschen die beste Stütze und den größten Reichtum bietet.

In der späteren Zeit ist diese Religionsvermengung durch die merkwürdige religiöse Unruhe gefördert worden, die jetzt durch die ganze kultivierte Welt geht. Der moderne Mensch ist realistisch genug, um einzusehen, daß die Religion ein organischer und daher unentbehrlicher Teil des menschlichen Geisteslebens ist. Ohne sie fühlt man sich leer und müde wie ein Mensch, der längere Zeit notwendige Nahrungsmittel entbehren mußte.

Der moderne Mensch will Religion haben. Und was der moderne Mensch haben will, das wird ihm sofort serviert. Die Zeitungen schreiben sofort über Religion. Nicht nur in ihren Sonntagsbetrachtungen. Das ist fast die langweiligste Form der Religion. Sie stellen die Religion zur Debatte. Und da die Zeitungen es als ihre besondere Aufgabe betrachten, das Neueste zu bringen, so werden sie sich natürlich am meisten für die letzten und neuesten Religionen interessieren. Jede Erfindung und Verbesserung, auch auf religiösem Gebiet, bekommt einen guten Platz und fette Überschriften.

Auch die Schriftsteller schreiben für den modernen Menschen über Religion. Gibt es wohl heute ein einziges Werk der schönen Literatur, das nicht auch etwas Religion bringt? Auf allen anderen Gebieten des Lebens verlangt man eine gewisse Sachkenntnis, aber auf religiösem Gebiet nicht. Da fühlen sich alle als Sachverständige. Und so schreibt man, wie der moderne Mensch es machen muß, wenn er religiös sein will. Und da das Christentum an der religiösen Börse am höchsten im Kurs steht, nennt man ohne weiteres die Religion, die man doziert, Christentum.

Das ist die Tragödie in der religiösen Unruhe unserer Zeit, daß der moderne Mensch über das wirkliche Christentum so unwissend ist, daß er sich jede beliebige Nachahmung und Verfälschung aufschwatzen läßt.

Was er in der Schule gelernt hat, hat er vergessen. Und die Bibel liest er nicht. Kommt dann die religiöse Unruhe über ihn, ist er eine verhältnismäßig leichte und sichere Beute für den einen oder anderen von diesen modernen Religionsvermengern.

*Was sagt das Christentum selbst über sein Verhältnis zu den anderen Religionen?*

Wir wenden uns an die Bibel.

Hier sehen wir schon im Alten Testament, daß Religionsvermengung die große und ständige Versuchung für das auserwählte Volk war. Darum lautete auch Gottes erstes Gebot: »Du sollst nicht andere Götter haben neben mir« (2. Mos. 20,3).

Klarer kann das Verhältnis zwischen der Religion Israels und den heidnischen Religionen nicht ausgesprochen werden. Es war eine Sünde für die Israeliten, an heidnischer Gottesverehrung teilzunehmen. Es war ihre schwerste Sünde, das bezeugen das Gesetz und die Propheten.

Wenn wir uns nun zum Neuen Testament wenden, dann sehen wir, daß die Religionsvermengung auch für die ersten Christen eine Versuchung war. So war es in Korinth. Einzelne meinten, sie dürften an dem gesellschaftlichen Beisammensein, das sich an die heidnische Opfermahlzeit anschloß, mit ihren heidnischen Verwandten teilnehmen. Sie hielten es für ungefährlich, da sie ja nicht am Opfer selbst teilnahmen. Außerdem hatten sie mit ihrer klaren christlichen Erkenntnis eingesehen, daß ein Götze kein Gott ist. Daher war in ihren Augen eine Opfermahlzeit nichts anderes als eine gewöhnliche Mahlzeit.

Bei dieser Gelegenheit schreibt der Apostel in 1. Kor. 10 seine Wegweisung und Ermahnung nieder.

Es sei richtig, sagt er, es gäbe keine Abgötter. Denn es gäbe nur einen Gott. Aber, sagt er weiter, das dürfe nicht so aufgefaßt werden, daß die Gottesverehrung der Heiden damit eine Verehrung des einen wahren Gottes sei: »Was die Heiden opfern, opfern sie den Teufeln und nicht Gott« (1. Kor. 10,20). Und er sagt geradezu, daß sie bei ihren Opfern in die Gemeinschaft mit den Teufeln kommen und teilhaben an der Teufel Tisch (1. Kor. 10,20.21).

Darum lautet auch seine Ermahnung: »Werdet nicht auch Abgöttische« (Kap. 10,7), »fliehet vor dem Götzendienst!« (Kap. 10,14), vgl. 2. Kor. 6,14–18. Und im Galaterbrief setzt der Apostel Götzenverehrung Unzucht und Mord gleich (Gal. 5,20).

Dieses Urteil über die heidnische Religion hindert indessen den Apostel nicht, die Absicht und den Plan zu sehen, den Gott mit den Heiden hatte. Die Absicht war, daß sie den Herrn suchen sollten, sagt er in Apostelgeschichte 17,27. Weiter sagt er, daß Gott sich selbst ihnen nicht unbezeugt gelassen hat, sondern er hat sowohl in der Geschichte wie in der erschaffenen Natur, im Gottesbewußtsein und im Gewissen seine Existenz, sein Wesen und sein Recht über die Menschen enthüllt. (Apostelgeschichte 14,17, Kap. 17,26; Römer 1,19.20.28, Kap. 2,14.15.)

Hiermit spricht der Apostel aus, daß in Übereinstimmung mit Gottes Schöpferordnung und dem Wesen des Menschen die Heiden religiös sind und Gottesdienst verrichten.

Aber das ändert nichts an seinem Urteil über die tatsächliche Religiosität und Gottesverehrung der Heiden. Sie ist Sünde und bringt sie in Verbindung mit den Teufeln und nicht mit Gott.

Und in Röm. 1,18–32 weist er nach, warum die heidnischen Religionen so geworden sind. Die Heiden haben gerade auf religiösem und moralischen Gebiet Aufruhr gegen Gott gemacht: »Sie verwandelten Gottes Wahrheit in Lüge und haben geehrt und gedient dem Geschöpfe mehr als dem Schöpfer« (Röm. 1,25).

Hiernach wundert es uns nicht, wenn der Apostel bei einer anderen Gelegenheit ausspricht, daß die Heiden ohne Gott sind (Eph. 2,12). Sie haben also Religion, sind aber gleichwohl ohne Gott.

So also schreibt die Schrift über die Religiosität der Heiden: Sie begegnen in ihrer Religiosität Gott nicht.

Aber das scheint unserem Denken große Schwierigkeiten zu bereiten. Derjenige, der nur das Mindeste von der bunten Geschichte der Religionen kennt, weiß, daß die Heiden innerhalb aller Religionen viele merkwürdige Dinge erleben. Natürlich gibt es Heiden, die nichts erleben und nichts erleben wollen. Sie folgen nur dem Strom und machen es wie die anderen. Aber gleichzeitig gibt es viele Heiden, die merkwürdige Dinge erleben. Sie erleben Zweifel und Gewißheit, Trauer und Freude in Gott, Reue und Vergebung, Angst und selige Ruhe.

Ja, die heidnischen Mystiker schildern uns die innerliche Vereinigung ihrer Seele mit Gott in Worten, die eine überraschende Gleichheit mit christlichen haben.

Wie sollen wir uns das erklären?

*Die Religionen – Lüge oder Selbstbetrug?*

Sind die Erlebnisse der Heiden nur Lüge und Betrug? Natürlich treffen wir auch Heiden, die Betrüger sind. Aber gleichzeitig treffen wir solche, deren Persönlichkeit und Leben bezeugen, daß sie an das, was sie sagen, glauben.

Wie steht es nun mit diesen? Sind sie das Opfer eines Selbstbetruges? Ist das, was sie erleben, nur Einbildung und Illusion?

Der, der das behaupten wollte, kennt nicht die merkwürdige Geschichte der Religionen. Das Leben und Wirken dieser ernsten und ehrlichen Heiden bezeugt uns, daß sie nicht in einer Welt der Einbildungen und Illusionen leben. Aber wie können wir das in Übereinstimmung bringen mit dem Wort der Bibel, daß die Heiden trotz ihrer Religion ohne Gott leben und Gott nicht in ihrer Religion begegnen?

Die Lösung dieser schwierigen Frage finde ich erst, wenn ich an das reiche und mannigfaltige Ideenleben der menschlichen Seele denke.

Wir haben die logischen Ideen. Sie beziehen sich auf Form und Inhalt des Denkens. Was ist die Philosophie anderes als die Entfaltung des logischen Ideeninhalts der menschlichen Seele! Und welches reiche Leben lebt nicht ein wirklicher Philosoph zwischen diesen Ideen.

Wir haben die ästhetischen Ideen. Was ist die Kunst anderes als die Entfaltung der der menschlichen Seele innewohnenden Ideen über das Schöne in Farben, Linien, Rhythmen und Tönen. Welches reiche Leben lebt nicht der Künstler zwischen diesen Geschöpfen seiner Künstlerseele!

Wir haben die moralischen Ideen. Was sind die verschiedenen Moralsysteme anderes als Versuche, den moralischen Ideeninhalt der menschlichen Seele zu entfalten!

Endlich haben wir die religiösen Ideen. Und die Religionen sind nichts anderes als die Entfaltung des reichen religiösen Ideenlebens der Seele.

Was die Menschen auf allen diesen Gebieten erleben, ist weder Betrug noch Selbstbetrug, sondern objektive Wirklichkeit, die von größter Bedeutung für das menschliche Leben ist, sowohl für das individuelle wie für das soziale.

Aber halten wir uns an die Wirklichkeit! Auf allen diesen Gebieten erlebt der Mensch nichts anderes und nicht mehr als seine eigenen Ideen. Das will also besagen, daß der Mensch auf religiösem Gebiet nichts anderes erlebt als seine eigene Gottesidee, sein eigenes Gottesbewußtsein. Und das war es gerade, was der Apostel aussprach: Die Heiden erleben Religion, aber nicht Gott. Sie sind ohne Gott trotz ihrer Religion. Sie begegnen nicht Gott, haben aber ihre eigenen religiösen Ideen, Sehnsüchte, Gefühle und Gedanken.

Und wenn die Heiden sich reich und glücklich oder arm und unglücklich in dieser ihrer Religion fühlen können, erscheint das jetzt in neuem Licht.

Wie der Philosoph sich arm fühlt, wenn er nicht seinen logischen Ideeninhalt entfalten darf, aber reich und glücklich, wenn er es darf und sein Leben zwischen seinen Gedankenschöpfungen leben kann, oder wie der Musiker die fürchterlichsten Qualen leiden kann, wenn der Schöpferdrang ihn preßt, ohne daß es ihm gelingt, das Motiv in die richtigen Töne umzusetzen, und umgekehrt der glücklichste Mensch ist, wenn er in der Welt der Töne, die er selbst geschaffen hat, leben darf, so wird auch der Heide unter Angst und Selbstvorwürfen leiden, wenn sein religiöses Ideenleben ihn drängt, ohne daß er es in sein Leben umsetzen kann, und umgekehrt eine wunderbare Ruhe und Selbstbefriedigung empfinden, wenn er es vermocht hat, der religiösen Idee Ausdruck in seinem Leben zu verleihen, in seinem Fühlen und Denken, seinem Reden und Handeln.

Der Heide kommt also mit seiner Religion nicht über sich selbst hinaus. Das ist es, was die Bibel sagen will, wenn sie erklärt, daß der Heide ohne Gott ist trotz seiner Religion.

Er erlebt etwas. Ja, er kann eine reiche Fülle erleben, die Fülle seines eigenen religiösen Bewußtseins. Und wie reich das menschliche Gottesbewußtsein ist, berichtet die Geschichte der Religionen. Hier sind sie aufgeführt, Seite um Seite, alle die merkwürdigen Schöpfungen, die die menschliche Seele durch Jahrtausende aus ihrem religiösen Ideenleben hervorgezaubert hat.

Wenn nun die Bibel alle diese Religiosität als Sünde bezeichnet, so will sie damit nicht sagen, daß die Heiden aufhören sollen, Gottesdienst zu verrichten oder religiös zu sein. Nein, sie will damit sagen, daß die menschliche Sünde das ganze Leben und damit auch die Religion umfaßt.

Die Bibel weist darauf hin, daß die Sünde das persönliche Leben des Menschen durchsäuert hat, aber daß der Mensch deswegen nicht Selbstmord begehen soll. Die Sünde hat auch das Familienleben des Menschen durchsäuert, aber deshalb soll er nicht aufhören, eine Familie zu gründen. Die Sünde hat das religiöse Leben des Menschen durchsäuert, aber deshalb soll er nicht aufhören, religiös zu sein und Religion zu üben.

Nein, mit all diesem will die Schrift nur sagen, daß der Mensch durch und durch sündig ist und daß er erlöst werden muß, wenn er von seiner persönlichen Sünde, seiner Sünde in der Familie, in der Gemeinschaft und in der Religion loskommen will.

Das ist die große Gefahr bei der Religion, daß der sündige Mensch so leicht seine Religiosität nicht als etwas ansieht, von dem er erlöst werden muß, sondern im Gegenteil gerade als etwas, wodurch er von seinen übrigen Sünden erlöst werden soll.

Nirgends hat das Menschengeschlecht ärger gegen Gott gesündigt als gerade in seiner Religiosität. Dabei denke ich nicht an die besonders schrecklichen Sünden, die begangen wurden zur Ehre Gottes, wie Menschenopfer, religiöse Unzucht oder Ähnliches. Nein, ich meine damit die Stellung zu Gott, die in der Religiosität ihren Ausdruck findet. Sonst vergreift sich der sündige Mensch an sich selbst oder an anderen Geschöpfen. Aber in seiner Religion vergreift er sich unmittelbar an Gott, raubt ihm seine Ehre und entwürdigt ihn so, wie es außerhalb der Religion nicht möglich ist.

Die Religiosität ist tatsächlich das schwerste Hindernis für die Erlösung eines Menschen.

Das sagt uns die Geschichte.

Zuerst sehen wir es zu Jesu Zeiten. Den schwersten Widerstand fand er bei den Religiösen, den Pharisäern und den Schriftgelehrten, und wir sehen, daß sie gerade ihre Religion gebrauchten, um ihm entgegenzutreten. Sie gebrauchten sie sowohl zur Verteidigung als auch zum Angriff.

Zuerst gebrauchten sie sie, um sich gegen Jesu stillen, mächtigen Einfluß zu verteidigen. Sie wollten sich nicht von ihrer Sünde überzeugen lassen, weder durch seine gewaltige Rede noch durch seine Person, weder durch seine unwiderlegbaren Wunder noch durch sein sündenfreies Leben. Daher wehrten sie sich gegen ihn durch pünktliche Erfüllung des Gesetzes, lange Gebete, Fasten und reiche Almosen.

Aber sie gebrauchten die Religion auch, um Jesus anzugreifen. Dem leichtgläubigen und leichtbeweglichen Volk gegenüber argumentierten sie einfach so: Wir wünschen natürlich nicht, diesem einfältigen Schwärmer zu schaden. Aber wir können auch nicht ruhig mitansehen, daß er Gottes auserwähltes Volk verführt, indem er Gottes heilige Gesetze bricht. Er setzt sich ja über das Gesetz und den Tempel hinweg, ja, er macht sich sogar selbst zum Gott. Deswegen muß er um der Religion willen ausgerottet werden, damit nicht das ganze Volk wegen seines Abfalls verdammt wird.

In der ganzen Geschichte der Mission sehen wir dasselbe.

Die größte Schwierigkeit, die das Evanglium auf allen Missionsfeldern zu überwinden hat, ist gerade die heidnische Religiosität. Mit ihr wehrt man sich, wenn das Evangelium beginnt, einen von seiner Sünde zu überzeugen. Die persönliche Religiosität ist immer die letzte und schwierigste Schranke, die das Evangelium auf den Missionsfeldern zu überwinden hat.

So ist es übrigens auch in christlichen Ländern. Hier leben viele gute Leute praktisch, wenn auch nicht theoretisch, ohne Religion. Sie fühlen sich Gott gegenüber so sicher, daß sie sich nicht einmal die Mühe machen, sich eine Religion als Deckung gegen Gott zu schaffen.

Aber der Ewigkeitsdrang und die Gottesidee sind gewaltige Kräfte, die sich wohl eine Zeitlang unterdrücken lassen, die aber eines Tages losbrechen. Die religiöse Unruhe meldet sich. Dann beginnt der Mensch sich nach einer Religion umzusehen.

In christlichen Ländern hat dieser Mensch zwei Möglichkeiten. Entweder Christ zu werden, d. h. Gott in Christus zu begegnen. Aber das bedeutet für sein eigensüchtiges und eigenwilliges Leben den Tod. Oder religiös zu werden, d. h. sich seiner eigenen Gottesidee hinzugeben, die, weit entfernt, das alte Eigenleben zu töten, im Gegenteil diesem Eigenleben seine religiöse Anerkennung gibt. Die Wahl hier ist in christlichen Ländern nicht so leicht, weil man sich hier im allgemeinen darüber einig ist, daß das Christentum die einzig wirkliche Religion ist. Religion will man haben und am liebsten das Christentum, aber ein Christentum, das das alte Eigenleben nicht geniert.

Hier kommt die Religionsvermengung dem modernen religiösen Menschen zu Hilfe. Man bietet ihm eine ganze Reihe Religionsformen, die sich als Christentum ausgeben. Um nur einige von den bekanntesten zu nennen: Theosophie, Anthroposophie, Spiritismus, Christian Science und Russellianismus.

Ich will nicht weiter auf sie eingehen. Teils sind sie so handgreiflich verschieden vom wirklichen Christentum, daß jeder, der sich die Mühe macht, es zu untersuchen, es sehen muß. Teils sind sie schon so klar und ausführlich dargestellt, daß ich nichts hinzuzufügen habe. Statt dessen möchte ich einige moderne Formen der Religiosität behandeln, die umso leichter mit wirklichem Christentum verwechselt werden, weil ihre Lehre nicht vom Christentum abweicht, und weil sie sogar wünschen, sich dem christlichen Glauben und der christlichen Lehre möglichst anzupassen.

### *Die intellektualistische Religiosität*

Sie findet sich häufig bei den besten Menschen. Es sind gute, gesunde, ausgeglichene Menschen. In der Regel stammen sie auch aus einer guten christlichen Familie. Takt und guten Ton haben sie in der Wiege mitbekommen.

Die Religion ist ihnen ebenso unentbehrlich wie die übrigen Seiten des menschlichen Geisteslebens. Sie beten morgens und abends. Sie fühlen sich am Sonntag nicht wohl, wenn sie nicht in die Kirche gehen. Auch zum Abendmahl gehen sie regelmäßig, und sie beteiligen sich auch an christlicher Arbeit. Nicht überschwenglich; jedoch an dem, was sie übernommen haben, sind sie treu und ausdauernd.

Ihre Religiosität ist etwas trocken und nüchtern. Sie scheuen Übertreibungen, und religiöse Schwärmerei widerstrebt ihnen.

Die Religion hat bei ihnen ihren eigentlichen Sitz in ihrem praktischen Verstand. Sie ist ihnen geradezu eine Gedankennotwendigkeit und rundet ihr ganzes Lebensbild und ihre Weltanschauung ab. Sie gibt ihrem kurzen Menschenleben die ewige Perspektive und ihrem täglichen Leben die Richtlinien.

Es sind kluge, klare, praktische Leute. Auch ihre Religiosität ist klug und praktisch, einfach und gradlinig. Sie haben zwar nicht viel Religiosität, aber was sie haben, wenden sie klug und vernünftig an. Sie können gut und treffend über Religion sprechen und glauben von sich selbst, daß sie Christen sind. Im Innersten glauben sie auch, daß sie die rechten Christen sind, die mit Gottes Gnade allen Gefahren des Pietismus und der Schwärmerei entgangen sind.

Wie fremd sie aber wirklichem Christentum gegenüberstehen, zeigt sich am deutlichsten, wenn sie einmal in persönliche Verbindung mit wirlichen Christen kommen, d. h. Christen, für die Christus das Leben ist. Sie verstehen weder deren Leben noch ihre Rede. Das Leben eines solchen Christen erscheint ihnen voller Übertreibungen und Widersprüche und borniert.

Seine Rede ist ihnen ebenso unbegreiflich, ob er nun von seinen Freuden spricht oder von seiner Angst oder Not, an Gottes Gnade zu glauben. Als ob etwas einfacher wäre als an Gott zu glauben! Oder er spricht vom Kreuz und von der Gnade, und das ist noch das Unverständlichste. Ja, wenn er chinesisch mit ihm spräche, wäre es nicht unbegreiflicher! In irgendeine Kategorie muß er eingeordnet werden – also dann entweder unter die Pietisten oder die Schwärmer oder die Hysteriker. Das sind übrigens für viele identische Begriffe.

### *Die ästhetische Religiosität*

Man findet sie häufig bei Leuten mit dem glücklich-reichen Seelenleben.

Ihre Seele ist von Geburt an auf das Unaussprechliche im Dasein eingestellt. Ihre fein abgestimmte Seele nimmt überall Farben, Formen, Rhythmen und Töne auf, auch da, wo wir gewöhnlichen Sterblichen nichts sehen und hören.

Am stärksten fühlt sich ihre Seele ergriffen, wenn die religiösen Saiten berührt werden. Erst in der religiösen Welt fühlen sie sich wirklich heimisch. Hier fühlen sie sich über das Häßliche und Niedrige emporgehoben in das Reich des Reinen und Schönen, am liebsten bei religiösem Gesang und bei Musik im Halbdunkel alter Kirchengewölbe.

Oder draußen in Gottes freier Natur. Die große Naturstimmung bedeutet ihnen mehr als die schönste Predigt in einer Kirche. Das sind ihre eigenen Worte, und wir haben keinen Grund, an ihrer Aufrichtigkeit zu zweifeln.

Ihr Leben bewegt sich in starken Schwingungen wie bei allen Gefühlsmenschen. Auch ihre Religiosität ist davon geprägt. Sie kann von den höchsten Gipfeln religiöser Verzückung bis zu den tiefsten Tälern religiöser Gleichgültigkeit schwingen. Daher findet sich in ihrem religiösen Leben wenig oder gar keine Ordnung. Das Regelgebundene liegt ihnen überhaupt nicht. Das Gebet z. B. kann bei ihnen in großen Augenblicken aufflammen und kann dann wieder lange Zeit ganz verstummen.

Was sie in ihren großen Stunden erleben, ist für sie der beste Beweis, daß ihre Religion in Ordnung ist trotz mancher Versäumnisse und Versündigungen. Sie begegnen ja Gott und erleben Unaussprechliches.

Ja, diese Leute sind wahrhaft religiös und glauben von sich selbst, daß sie Christen sind. Daher werden sie auch so verbittert, wenn ihnen jemand sagt, daß ihre Religion mit Christentum nichts zu tun hat.

Und ihre Verbitterung verwandelt sich in stumme Verwunderung, wenn sie hören, daß Buddhisten und andere Pantheisten genau die gleiche religiöse Mystik erleben, obwohl sie nicht an Christus glauben, ja nicht einmal an einen persönlichen Gott.

Und ein wenig gesunde Vernunft müßte ihnen ja sagen, daß Christus überflüssig ist, wenn man Gott in der Natur erleben kann. Dann ist die ganze Heilsoffenbarung mit Gottes Menschwerdung, Leiden, Tod und Auferstehung ein vollständiger Mißgriff.

Das ist auch die wahre Meinung der religiösen Mystiker. Einen Platz für Christus und überhaupt für Gottes geschichtliche Offenbarung zu finden, dürfte ihnen schwer fallen. Noch schwerer für das Kreuz und die Erlösung. Das alles sind gewissermaßen überzählige Bestandteile in ihrer allgemeinreligiösen Mystik.

### *Die moralische Religiosität*

Hier treffen wir die Willensmenschen! Sie sagen: Es genügt nicht, Gott in einer vagen Stimmung oder in kurzem Gebet ein paarmal am Tage zu begegnen. Worauf es ankommt, ist, Gottes Willen zu tun, wie Jesus selbst sagte: »Der, der Gottes Willen tut, ist mein Bruder« (Matth. 12,50).

Es sind starke, aufrechte Idealisten, charakterfest und streng gegen sich selbst und andere. Sie bemühen sich, in ihrem täglichen Leben die moralischen Forderungen des Christentums zu erfüllen, und kämpfen energisch dafür, sie auch im Leben der Gemeinschaft durchzusetzen.

Es ist bei diesen religiösen Cholerikern oft etwas Hartes und Ekkiges, aber ihre Überzeugungstreue und ihre Unermüdlichkeit verschaffen ihnen Achtung.

Ihre Religiosität äußert sich weniger in Worten als in Taten. Mit Gefühl hat ihre Religion wenig zu tun. Sie glauben von sich, daß sie Christen seien, meinen sogar, daß sie die einzigen wahren Christen seien, die einzigen, die ernst damit machen, das Christentum zu leben. Sie nehmen Anstoß an dem Sentimentalen und

Weichlichen, das sie bei vielen finden, die sich Christen nennen.

Aber trotz ihrer vielen guten Seiten sind sie dem wirklichen Christentum fremd. Das zeigt sich am deutlichsten, wenn sie etwas von Bekehrung und Wiedergeburt hören. Diese Rede irritiert, ja empört sie. Sie empfinden sie als unmoralisch, weil sie das Verantwortungsgefühl abstumpft und die Willenskraft schwächt. Die Menschen werden dadurch verleitet, sich einem mystischen Gotterlebnis hinzugeben, statt angespornt zu werden, das bißchen Wille, das sie haben, zu gebrauchen.

Wir haben gesagt, für den religiösen Menschen ist immer die größte Versuchung, seine Religiosität als das Mittel anzusehen, das ihn von seinem sündigen Leben erlösen kann. Niemand fällt es schwerer, sich dem wahren und wirklichen Christentum zu beugen, als gerade diesem religiösen Menschen. Ein gottloser Mensch kann an seine Sünden unheimlich gefesselt sein, und das Herz ist ihm für die Wirkungen der Gnade fest verschlossen. Aber er weiß wenigstens, daß er in religiösen Fragen keine Sachkenntnis hat. Darum fällt es ihm viel leichter, sich der Wahrheit des Evangeliums zu beugen, ohne noch zu feilschen.

Der religiöse Mensch dagegen glaubt auf dem Gebiete der Religion sachverständig zu sein. Daher begegnet er oft der christlichen Verkündigung mit Widerstand. Oft bewußt, indem er sie kritisiert und behauptet, daß das, was verkündigt wird, dem Wesen der Religion und des Christentums widerspricht.

Das ist heutzutage sehr Mode.

Früher war man in dieser Beziehung bescheidener. Das Selbstbewußtsein und die Neigung zur Kritik waren noch nicht so stark. Trotzdem war der Widerstand gegen das lebendige Christentum genau der gleiche. Auch damals benutzte man die Religiosität, um sich gegen das Christentum zu wehren. Nur ging es mehr in der Stille vor sich, weil man es verstand, die verkündigten christlichen Wahrheiten der eigenen Religiosität anzupassen. Hörte man von Bekehrung und Sinnesänderung, dankte man Gott, daß man nicht zu diesen rohen, gottlosen Menschen gehörte, die Bekehrung nötig hatten. Hörte man von Wiedergeburt, dankte man Gott, weil man zu den Glücklichen gehörte, die als Kind getauft waren.

War die Rede von Gläubigen und Ungläubigen, Gotteskindern und Weltkindern, tat der Gedanke wohl, sich zusammen zu wissen mit dem Pfarrer und denen in der Gemeinde, die zur Kirche und zum Abendmahl gingen. Die Ungläubigen, das waren jene schrecklichen Leute, die alles Heilige verachteten und weder an Gott noch an die Bibel glaubten. In diesem religiösen Panzer fühlt sich der Sünder sicher.

Und jetzt, wie zur Zeit Jesu, wird die Religiosität nicht nur zur Verteidigung benutzt, sondern auch zum Angriff. Es ist eine schmerzliche, aber unwiderlegbare Tatsache, daß das lebendige Christentum keine schärferen Gegner hat als diese religiösen Menschen, die in ihrer religiösen Unruhe sich eine Nachahmung des Christentums geschaffen haben.

Sie stehen übrigens nur dem lebendigen Christentum so feindlich gegenüber.

Jeder anderen Religiosität gegenüber sind sie dagegen merkwürdig verträglich. Ja, selbst wenn hier Leben und Lehre nur gering übereinstimmen, bleiben sie nachsichtig. Denn diese Religiosität macht sie nicht unruhig, sondern beruhigt sie sogar. Wenn sie dagegen das lebendige Christentum hart und streng beurteilen, geschieht es, weil sie sich von ihm ständig beunruhigt fühlen.

Irgendwie sagt es ihrem Gewissen, daß ihre Religiosität kein Christentum ist, daß sie ebenso wie die religiösen Juden zur Zeit Christi mit ihrer Religiosität verloren gehen.

## *Vom Wesen des Christentums*

Nachdem wir nun gesehen haben, was das Christentum über Religiosität und die Religionen sagt, wollen wir betrachten, was es von sich selbst sagt.

Was zuerst ins Auge fällt, ist folgendes: Das Christentum weiß, daß es ganz allein steht. Es steht so allein, daß wir heutzutage große Schwierigkeiten haben, zu verstehen, was das heißt. Wir vergleichen ja ständig das Christentum mit anderen Religionen. Natürlich stellen wir es nicht mit ihnen auf die gleiche Stufe, sondern sprechen vom Christentum als der höchsten Religion. Und wenn wir kühn sind, sprechen wir sogar vom Christentum als der absoluten Religion, womit wir das Höchste gesagt haben wollen, was man über das Christentum sagen kann. Soweit ist alles in Ordnung.

Aber je mehr ich mich in den Gedankengang der Schrift versetze, desto klarer wird mir, daß unser Vergleich zwischen dem Christentum und den Religionen der Schrift fremd, ja mit ihr unvereinbar ist.

Wenn das, was die Menschheit an religiösen Leistungen hervorgebracht hat, Sünde ist und seine Religionen uns in Verbindung mit den bösen Geistern und nicht mit Gott bringen, dann ist es einleuchtend, daß unser Vergleich zwischen Christentum und Religionen falsch ist, sowohl für das Christentum wie für die Religionen. Auf beide fällt ein falsches Licht. Das Christentum wird auf eine Ebene herabgezogen, wohin es seinem Wesen nach nicht gehört, und die Religionen werden auf eine Ebene hinaufgehoben, wohin sie wiederum nicht gehören.

Blickt man auf die Geschichte der Theologie, findet man dies bestätigt. Ihr Bemühen, das Christentum zwischen die Religionen zu stellen, zu beweisen, daß es den Höhepunkt darstelle, hat nur dazu geführt, das Christentum zu amputieren und die Religionen zu verzerren.

Die Antwort des Christentums auf die Frage nach seinem Verhältnis zu den Religionen lautet kurz und klar: Die Religionen sind Sünde, das Christentum ist Heil. In den Religionen kommen wir in Verbindung mit den bösen Geistern, im Christentum mit Gott. Christus hat sich über seine Sonderstellung in folgenden Worten ausgesprochen, die ich nenne, nicht weil sie die einzigen sind, sondern weil sie die klarsten sind: »Niemand kennt den Sohn als nur der Vater; und niemand kennt den Vater als nur der Sohn, und wem es der Sohn will offenbaren« (Matth. 11,27). »Niemand kommt zum Vater denn durch mich« (Joh. 14,6). Und der Apostel hat es so ausgedrückt: »Und ist in keinem anderen Heil, ist auch kein anderer Name unter dem Himmel den Menschen gegeben, darinnen wir sollen selig werden« (Apg. 4,12).

Warum steht das Christentum so ganz allein? Warum liegt das Heil nur dort? Hierauf antwortet das Christentum: »Ihr wisset nicht, was ihr anbetet; wir wissen aber, was wir anbeten« (Joh. 4,22). »Was ihr anbetet, ohne es zu kennen, das verkündige ich euch« (Apg. 17,23).

Das Christentum erklärt, daß alle Gottesverehrung außerhalb des Christentums Götzendienst ist. Und Götzendienst besteht darin, daß der Mensch das Gottesbild verehrt, das sein eigenes religiöses Bewußtsein geschaffen hat. Weder kennt er den lebendigen Gott, noch begegnet er ihm in seiner Religion.

Im Christentum beugt sich Gott zu dem Sünder herab. Die Religionen aber sind nichts anderes als die vergeblichen Versuche des Menschen, sich zu Gott emporzustrecken.

Aber warum will Gott dem Menschen nur im Christentum begegnen?

Mit dieser Frage hat man sich in allen Jahrhunderten des Christentums beschäftigt. Denn hier liegt ja das mächtigste Ärgernis des Christentums.

Auch hier antwortet das Christentum kurz und klar: Wenn Gott dem Menschen nur in Christus begegnet, so geschieht es, weil er ihm sonst nicht begegnen kann. Zwischen Gott und uns steht unsere Sünde. Die Schrift verkündigt, daß die Sünde so ernst ist, nicht nur für uns, sondern auch für Gott, daß er mit dem Sünder nicht ohne Sühne leben kann.

Deshalb ist es für den sündigen Menschen unmöglich, sich zu

Gott emporzuschwingen, selbst wenn seine Religiosität noch so innerlich und aufrichtig ist. Er erlebt nur sich selbst, d. h. den religiösen Gedankeninhalt seiner eigenen Seele. Sollte Gott dem Menschen und der Mensch Gott begegnen, dann müßte die Sünde gesühnt werden, und weder will noch kann das irgend ein Mensch, sagt das Christentum. Gott selbst müßte es auf sich nehmen, zu sühnen. Und das tat er in Christus.

Deswegen ist Christus der einzige Punkt, wo sich Gott und Mensch begegnen können. Und dies im buchstäblichen Sinne, sagt das Christentum: Christus ist nicht nur für uns der einzige Weg zu Gott, sondern auch für Gott der einzige Weg zu uns. Darum liegt nur in ihm die Erlösung. Darum kann Christus sagen: Niemand kommt zum Vater denn durch mich. Erst auf dem Boden der Sühne erleben wir Gott. Bis dahin erleben wir nur unsere eigene Gottesidee.

Und erst wenn wir Gott erleben, werden wir erlöst. Denn die Erlösung liegt in der Begegnung mit Gott. Vom lebendigen Gott gehen die schöpferischen Wirkungen aus, die imstande sind, unser hartes, selbstgerechtes, eigenwilliges, hochmütiges Herz zu zerschlagen und die Religiosität herauszureißen, mit der wir uns einzeln und zusammen gegen den lebendigen Gott wehren.

Wir haben gesehen, daß Christus allein steht und warum er allein zwischen den Religionen steht. Betrachten wir nun, wie allein er steht.

Alle Religionen stehen zusammen gegen Christus. Sie sind sonst sehr verschieden, widersprechen einander und arbeiten in vielen Punkten gegeneinander. Aber in einem Punkt stehen sie zusammen. Sie sagen zu uns Menschen, jede in ihrer Sprache, alle wie eine: Du mußt religiös werden! Es ist deine einzige Rettung, aber dann wirst du auch gerettet werden!

Christus steht ganz allein und sagt: Ihr, die ihr böse seid, werdet dadurch nicht gut, daß ihr religiös werdet. Ihr liebt euch selbst über alles und nicht Gott, ob ihr religiös seid oder nicht. Und ihr müßt erlöst werden, nicht durch eure Religiosität, sondern von eurer Religiosität, genau wie ihr erlöst werden müßt von euren übrigen Sünden. Hier steht Christus ganz allein. Alle Heiden, zu allen Zeiten und in allen Ländern, auch unsere heimlichen Heiden, meinen, die Religiosität sei in sich selbst gut, d. h. Gott wohlgefällig, sofern man es ernst damit meint. Daher sprechen alle Heiden davon, entweder Gott zu dienen, Gott zu verehren oder Gott zu opfern.

Christus steht auch hier allein. Er spricht davon, Gott zu lieben. Und er erkennt kein anderes Verhältnis zu Gott an als das: Du sollst Gott über alles lieben. Und sein größter Apostel sagt: »Und wenn ich alle meine Habe den Armen gäbe und ließe meinen Leib brennen und hätte der Liebe nicht, so wäre mir's nichts nütze« (1. Kor. 13,3).

Hier ist der Punkt am Christentum, der dem religiösen Menschen in erster Linie ärgerlich ist. Und solange er meint, das Heil bestehe darin, religiös zu sein, wird er ruhig die dringende und zur Selbstprüfung zwingende Frage des Evangeliums: Liebst du Gott? abweisen.

Aber von dem Augenblick an, wo die Erweckung wie ein Blitz in die wohlgeordnete Religiosität dieses Menschen einschlägt, wird diese Frage seine ganze Religion revolutionieren. Wie der schwarze Tod wird es durch all seine Gottesfurcht gehen.

Er liest täglich in der Bibel. Früher beruhigte ihn das. Aber nun kommt die peinliche Frage: Liebst du Gott? Du hast ja keine Lust, in der Bibel zu lesen, sondern bist froh, wenn du damit fertig bist. Zur Zeitung greifst du täglich mit Lust und Interesse, aber du mußt dich zwingen, täglich die Bibel zu lesen.

Er hört Gottes Wort, sogar regelmäßig. Früher fühlte er sich gerade bei seinem Kirchgang wohl. Aber jetzt kommen peinliche Fragen: Liebst du Gott wirklich, der du in der Kirche sitzt, dich langweilst und findest, es will gar kein Ende nehmen, und erleichtert aufatmest, wenn der Pfarrer endlich Amen sagt, daß du hinaus kannst ins Freie.

Er betet zu Gott, sogar täglich. Früher gab ihm das ein Gefühl von Sicherheit. Aber nun drängt sich die peinliche Frage auch in sein Gebetsleben: Liebst du Gott wirklich, der du dich zwingen mußt, ein paar Minuten täglich zu beten? Liebst du Gott wirklich, der du nicht einmal vermagst, zwei Minuten lang deine Gedanken zu Gott zu sammeln, sondern sie ständig abschweifen läßt zu anderem, das dich interessiert?

Er kämpft gegen seine Sünden, sogar täglich. Das beruhigte früher sein Gewissen. Jetzt aber quält ihn ständig die Frage: Liebst du Gott wirklich, der du solche Lust zur Sünde hast, obgleich du sie äußerlich bekämpfst?

Die Schrift bezeichnet die Bekehrung des religiösen Menschen als eine Bekehrung von toten Werken.

Und nun sieht ein solcher religiöser Mensch, daß seine Religiosität aus nichts besteht als aus toten Werken, d. h. Handlungen, die nicht aus seinem eigenen Innern entspringen, sondern die er teils aus Gewohnheit, teils aus Zwang tut.

Und er sagt sich selbst: Gott sieht ja auf die Gesinnung. Dann aber sind alle meine Übungen in Gottesfürchtigkeit nichts anderes als leere Formen, mit denen das Herz nichts zu tun hat. Und wenn Gott die sündige Gesinnung sieht, die mich sogar in der Kirche und bei der Andacht erfüllt, dann muß es ihm ein Greuel sein. So spricht es auch die Schrift klar aus (Amos 5,21; Jes. 1,13–15).

Siehe, jetzt ist das Herz dieses Menschen zerschlagen. Ihm ist nichts mehr geblieben, auch nicht seine Religiosität, auf die er früher alle seine Hoffnung gesetzt hatte. Jetzt sieht er, daß er auch von seiner Religiosität wie von allen seinen anderen Sünden erlöst werden muß.

Durch das Wunder der Erweckung ist er jetzt endlich reif, ein Christ zu werden. Nun zweifelt er nicht mehr an der Notwendigkeit der Bekehrung. Nichts ist jetzt wichtiger für ihn, als einen anderen Sinn zu bekommen. Und nun hat er seine eigenen Kräfte geprüft und weiß daher, daß er selbst seinen Sinn nicht ändern kann. Nun wartet er auf Gottes Wunder der Wiedergeburt. Nun braucht er das Kreuz, das in seiner früheren Religiosität überflüssig und ihm nur im Wege war. Nun klammert er sich daran wie ein Ertrinkender. Zwar versteht er das Kreuz nicht und kann auch nicht richtig daran glauben. Es erscheint ihm allzu groß, als daß es auch für ihn gelten könnte.

Aber in seiner Verzweiflung wendet er sich nun an Gott und sagt ihm ehrlich diese fürchterliche Wahrheit.

Da geschieht das Wunder: Aus dem Schmutz nimmt ihn Gott empor und wäscht ihn in seinem eigenen Blute rein. Und dann schlägt Gott – so beschreibt es die Bibel – die himmlischen Bücher auf und streicht alle seine Sünden, die dort verzeichnet sind, und wirft das Ganze hinter seinen Rücken in das Meer der Vergessenheit. Darauf schlägt er das Buch des Lebens auf und trägt seinen Namen ein zu den Namen all der anderen Gotteskinder. Zu ihm aber sagt er: Nun bist du mein Kind. Und du brauchst dich nicht mehr zu fürchten. Früher hattest du Grund dazu, aber jetzt brauchst du nicht mehr ängstlich zu sein. Ich bin für deine Sünde gestorben, und ich lebe, um dir zu helfen im Leben, im Tode und im Gericht.

Der Sünder kann es nicht gleich fassen. Aber langsam fällt Licht in das Dunkel seiner Seele. Nun weiß er es: Jesus ist für seine Sünden gestorben. Nun ist er Gottes Kind.

Das Neue ist eingetreten: Er liebt Gott.

Das war es, was ihm bisher fehlte. Da fürchtete er sich, wenn Gott nahe war, und es war ihm gleichgültig, wenn Gott fern war. Aber nun liebt er Gott, und das Gebet bedeutet für ihn keinen Zwang mehr. Er ist von Gott geboren, um bei Gott zu sein. Daher fühlt er sich nun in Gottes Nähe wohl.

Ja, das Gotteserlebnis ist das Geheimnis des Christentums. Solange man Gott nur denkt und sich nach ihm sehnt, ist das Gottesverhältnis nur eine Reihe von schweren Pflichten. Aber von dem Augenblick an, wo man Gott erlebt, wird es anders. Paulus hat es so ausgedrückt: »Darum ist jemand in Christo, so ist er eine neue Kreatur; das Alte ist vergangen, siehe, es ist alles neu geworden« (2. Kor. 5,17).

Gott ist so, daß wir ihn nur zu erleben brauchen, dann erfaßt er uns und bindet uns an sich. Wir sind jetzt von ihm erfüllt und nicht mehr von uns. Wenn seine Liebe zu uns etwas ist, von dem wir nicht nur lesen und hören und sprechen, sondern etwas, was wir erleben, erst dann erfüllt sie unsere Seele.

Der Apostel der Liebe spricht es aus: »Sehet, welch eine Liebe hat uns der Vater erzeigt, daß wir Gottes Kinder heißen sollen!« (1. Joh. 3,1). Ja, laßt uns die Gnade betrachten, daß Gott uns zur Kindschaft erlöst. Er wünscht uns nicht als Sklaven, die vor der Stimme des Herrn erzittern und seinen Befehlen nur widerwillig gehorchen. Nein, er schafft seine menschlichen Feinde um zu seinen Freunden und gibt uns den Kindesgeist, der vertrauensvoll ruft: Abba, lieber Vater!

Darum ist das Christentum die innere Befreiung und das Glück des Menschen. Daher ist das christliche Leben das wahre und gesunde Leben.

Gott liebt uns los von der Sünde. Kann man sich Schöneres vorstellen? Mit der Glut seiner Liebe schmilzt er die Ketten, mit denen die Sünde uns fesselt. Mit seiner Liebe lockt er in seine Gegenwart und macht uns Mut, ihm die Wahrheit zu sagen.

Von diesem Augenblick an kann er uns die ganze Herrlichkeit der unsichtbaren Welt erschließen. Und je mehr wir in dieser Welt Gottes leben, umso leichter sagen wir nein zur Sünde und desto vorsichtiger werden wir allen Versuchungen gegenüber. Wir erleben ein neues, reiches Leben, wofür wir gern und mit Freuden das alte hingeben.

Ich meine nicht, daß der Wiedergeborene sündenfrei sei. Das wäre ein Irrtum. Auch der Wiedergeborene wird erleben, daß es ihm an Lust fehlt zu Gottes Wort und zum Gebet, und daß er Gottes Willen nur ungern tut. Er wird sogar schmerzlich erleben, daß er Lust zur Sünde fühlt.

Aber er kennt nun den Trost des Apostels an redliche Seelen: »Und ob jemand sündigt, so haben wir einen Fürsprecher bei dem Vater, Jesum Christ, der gerecht ist. Und derselbe ist die Versöhnung für unsere Sünden« (1. Joh. 2,1.2).

Er weiß nun, die einzige Möglichkeit, die Sünde zu überwinden, besteht darin, von neuem Gottes Liebe in seinem Herzen zu erleben. Daher geht er zu seinem Erlöser, sagt ihm die Wahrheit, daß er nicht Gott, sondern die Sünde liebt, und bittet ihn, daß er aus lauter Gnade in sein Herz einkehren und seine laue Seele durchwärmen möge mit seiner wunderbaren Liebe.

Das ist das eigentliche Geheimnis der Heiligung.

Werner Gitt

**Fragen**
**die immer**
**wieder gestellt werden**

CLV-Taschenbuch
160 Seiten, DM 3.80

Wer sich mit dem christlichen Glauben zu beschäftigen beginnt, stößt auf zahlreiche Einzelfragen, die sich bei nahezu jedem Suchenden mit auffälliger Häufung wiederholen.

So war es naheliegend, die Antworten in möglichst knapper, aber hinreichender Form einmal zusammenzutragen. Allen in diesem Buch behandelten Fragen ist gemeinsam, daß sie wirklich erfragt wurden. So gibt das vorliegende Buch keinen von „insidern" erwarteten Fragen-Querschnitt durch die Bibel wieder, sondern versucht, jene Probleme ernst zu nehmen, die Zweifler, Fragende und Suchende bewegen. Es handelt sich somit nicht um eine Sammlung spitzfindiger theologischer Fragestellungen oder einer theoretischen am „grünen Tisch" erstellten Liste, sondern um Grundfragen suchender Leute, die sich aus der Praxis der Vortragstätigkeiten des Verfassers ergeben haben. Gelegentlich wurden auch originelle Einzelfragen aufgegriffen.